O ACORDO NA JURISDIÇÃO CONSTITUCIONAL

MARCUS VINICIUS VITA

O ACORDO NA JURISDIÇÃO CONSTITUCIONAL

1ª EDIÇÃO
SÃO PAULO • 2025

AMANUENSE

Edição: Rodrigo Haidar
Projeto gráfico e diagramação: Luciana Huber
Imagem de capa: 123RF

Dados Internacionais de Catalogação na Publicação (CIP)
(Câmara Brasileira do Livro, SP, Brasil)

Vita, Marcus Vinicius
O acordo na jurisdição constitucional /
Marcus Vinicius Vita. – 1. ed. -- Brasília : Amanuense, 2025.

Bibliografia.
ISBN 978-65-80788-41-5

1. Brasil. Supremo Tribunal de Justiça
2. Jurisdição (Direito constitucional) I. Título.

25-261889   CDU-342.5

Índices para catálogo sistemático:
1. Jurisdição constitucional : Direito constitucional 342.5
Aline Graziele Benitez - Bibliotecária - CRB-1/3129

AMANUENSE

Amanuense Livros Ltda.
Rua Nilo 241, Sala 02 – CEP 01533-010 São Paulo SP
contato@amanuense.com.br
www.amanuense.com.br

À Thalizia Reis (*in memorian*), pastora, conselheira, e que em dado dia, numa quarta-feira à noite, em Goiânia, apresentou-me a verdade, com voz angelical, ainda que de trovão, e que nunca mais abandonei. Como ela dizia, a vida não é mero gracejo, e sim peleja pelejada, no justo rigor da ordem divina.

À minha esposa Fernanda e aos meus filhos Helena e Samuel, que desafiam a minha capacidade de amar e são a minha razão maior de viver, trabalhar e lutar.

Aos meus pais, Antenor e Maria Tereza (*in memoriam*), por todos os ensinamentos de vida, que carregarei para sempre.

O correr da vida embrulha tudo, a vida é assim:
esquenta e esfria, aperta e daí afrouxa,
sossega e depois desinquieta.
O que ela quer da gente é coragem. Riobaldo

JOÃO GUIMARÃES ROSA
Grande sertão: veredas

"Não chores, meu filho.
Não chores, que a vida é luta renhida.
Viver é lutar. A vida é combate. Que aos fracos abate.
Que os fortes, os bravos, só pode exaltar."

GONÇALVES DIAS
Canção dos Tamoios

SUMÁRIO

PRÓLOGO

Esta obra nasceu da prática da advocacia, e da observação do processo enquanto apenas uma das formas de solução de interesses, e, em muitos casos, a menos indicada.

No âmbito da jurisdição constitucional, em passado recente seria absurdo cogitar-se de acordo em processos abstratos, sem partes, e que têm por premissa a salvaguarda do texto constitucional e de direitos fundamentais, na acepção clássica do texto contra texto. A hipercomplexidade do mundo contemporâneo, todavia, tornou tal lógica impraticável em algumas hipóteses, já que temas novos, sem legislação, desembocam freneticamente na nossa Suprema Corte.

Esse trabalho, então, surge após a ADPF 165, dos planos econômicos, em que pude acompanhar o trabalho do jurista mais completo e genial que conheci, Arnoldo Wald, e que diante de um conflito sem uma solução certa, junto com os demais atores, teve – como é de típico do seu espírito inovador – a coragem de propor ao Supremo Tribunal Federal o primeiro acordo em controle concentrado, totalmente pensado pelos entes financeiros e pelas principais entidades de defesa dos consumidores. A Corte não apenas aceitou como aplaudiu a iniciativa.

Devo, ainda, a ideia, iniciativa e direcionamento desse trabalho ao meu orientador Doutor Georges Abboud, que junto com Ricardo Campos cunhou o termo proceduralização, com o fim de dar à Corte constitucional mais uma ferramenta, a do acordo, para a melhor resolução dos interesses decorrentes de temas que não possuem um parâmetro de constitucionalidade preciso.

APRESENTAÇÃO

Vivemos tempos de transformações profundas e aceleradas. A globalização, a pós-modernidade e, mais recentemente, a Quarta Revolução Industrial têm remodelado de maneira irreversível a estrutura da sociedade e suas múltiplas interações. A crescente complexidade dos subsistemas sociais e a sofisticação das tecnologias emergentes, como a Inteligência Artificial, desafiam as formas tradicionais de organização e regulação, impactando diretamente a concepção e o papel do Direito no mundo moderno.

Neste contexto, a concepção clássica do Direito como instrumento de estabilização de expectativas normativas e de imposição institucional através do poder soberano dos Estados nacionais se mostra insuficiente. Em vez de um modelo puramente decisionista e verticalizado, o Direito moderno deve se abrir para a complexidade das relações sociais globais, interagindo com outros sistemas sociais altamente especializados. Essa visão, inspira-se na teoria dos sistemas de Niklas Luhmann e desenvolvida por Gunther Teubner, propõe uma abordagem contingente, em que o Direito se constrói por meio de suas interações com diferentes subsistemas sociais.

O modelo decisório estatal tradicional, fundado na regulação de todos os aspectos da vida por meio do Direito, já se mostrou insuficiente, e, em muitos casos, até mesmo ineficiente. É sobre este quadro complexo e desafiador que se debruça o excelente livro que temos a alegria de prefaciar, por convite de seu autor, Marcus Vinicius Vita, advogado com quem temos o prazer de conviver há longos 24 anos.

O Acordo na Jurisdição Constitucional é um livro que vem a ser publicado em momento muito oportuno, quando novos paradigmas desafiam as instituições tradicionais. Como conformar os problemas de uma sociedade multifacetada sem abrir os olhos para novas formas de decidir e compor conflitos? Marcus Vita nos dá um pouco de sua visão sobre a questão e do que vislumbra como caminho ao esclarecer, por exemplo, que os Tribunais, nesta nova realidade, deixam de ser apenas instâncias de imposição de normas autorreferenciais e passam a atuar como catalisadores e facilitadores de interações entre diferentes formas de racionalidade, permitindo que o conhecimento especializado de cada área contribua para a construção de soluções jurídicas mais adequadas. Tudo isso porque a decisão judicial tradicional, fundada em princípios exclusivamente jurídicos, já não se revela suficiente para lidar com questões que exigem expertise técnica em diversas outras áreas do conhecimento.

Diante dessa nova realidade, o presente livro busca explorar os desafios e possibilidades do acordo na jurisdição constitucional em um mundo hipercomplexo. A partir da reflexão teórica e da análise prática, argumenta-se que a solução para as disputas contemporâneas deve passar, sempre que possível, pela construção de consensos e pela utilização de métodos alternativos de resolução de conflitos, como a mediação, a conciliação e a arbitragem. O acordo entre as partes não apenas democratiza o processo, mas também confere maior legitimidade e eficiência à decisão, ao permitir que aqueles diretamente envolvidos na disputa participem ativamente da construção da solução.

O autor entende que os benefícios dessa abordagem são múltiplos. Além de reduzir os custos econômicos e sociais da litigiosidade, a mediação e a conciliação diminuem a sobrecarga do Poder Judiciário, aumentam a previsibilidade jurídica e promovem uma cultura de pacificação social. Mais do que um instrumento de resolução de disputas, a adoção desses métodos representa um avanço na forma como concebemos a justiça e o papel do Direito na sociedade contemporânea.

Contudo, não se trata de defender uma solução única e universal. Há situações em que a jurisdição estatal permanece essencial, especialmente quando os conflitos envolvem interesses indisponíveis ou quando há uma assimetria significativa de poder entre as partes. O desafio, portanto, está em equilibrar a adoção dos novos mecanismos de resolução de conflitos com a necessidade de garantir a efetividade dos direitos fundamentais e a estabilidade do sistema jurídico.

Esta tese, inspirada na orientação do Dr. Georges Abboud e nas decisões do STF, convida o leitor a refletir sobre essas questões e a explorar novas formas de pensar o Direito no século XXI. Através de uma análise rigorosa e fundamentada, além de um amplo levantamento empírico sobre os acordos já construídos pelo Supremo Tribunal Federal em ações de controle concentrado de constitucionalidade, o autor busca oferecer caminhos para o desenvolvimento de uma jurisdição mais aberta, dialógica e sensível à complexidade do mundo contemporâneo.

Inspirando-se na doutrina nacional e estrangeira e na jurisprudência, o livro conclui que o direito deve ser complementado pela equidade e pelo conhecimento da economia e das realidades sociais, sem prejuízo de adotar o direito puro, referindo-se à construção jurisprudencial que foi consolidada pelo STF, levando os nossos magistrados a estudar as relações econômicas para que o direito possa ser eficiente e justo.

É uma evolução que o próprio Kelsen recomendou em conferência que proferiu no Rio de Janeiro, no fim da segunda metade do século XX, a convite de Bilac Pinto e Hans Klinghoffer e à qual assisti como jovem aluno da FND em 1949, a convite dos meus professores.

O livro é, pois, uma renovação e atualização da lição de Kelsen que foi considerado por um dos nossos ministros do STF, como devendo ter merecido receber o prêmio Nobel, se estivesse atribuído no mundo jurídico.

No prefácio da versão em português da sua obra *Legisladores e intérpretes*, Zygmunt Bauman explica que "entramos em um modo de viver enraizado no pressuposto de que a contingência, a incerteza e a imprevisibilidade estão aqui para ficar. Se o 'fundir a fim de solidificar' era o paradigma adequado para a compreensão da modernidade em seu estágio anterior, a 'perpétua conversão em líquido' ou o 'estado permanente de liquidez', é o paradigma estabelecido para alcançar e compreender os tempos mais recentes". Criou-se, pois, uma nova civilização com a "terceira onda".

Conhecendo o autor como conheço, não poderia esperar menos do que uma leitura que se traduz em estímulo para o debate e para a construção de um sistema jurídico mais eficiente, democrático e adequado às reais necessidades da sociedade globalizada e que demanda soluções multidisciplinares.

Arnoldo Wald
ADVOGADO, PROFESSOR, ESCRITOR E JURISTA, SÓCIO-FUNDADOR DO WALD, ANTUNES, VITA E BLATTNER ADVOGADOS. DOUTOR HONORIS CAUSA PELA UNIVERSIDADE DE PARIS II E PELO INSTITUTO BRASILIENSE DE DIREITO PÚBLICO. PIONEIRO NA IMPLANTAÇÃO DA ARBITRAGEM NO BRASIL, É AUTOR DE DIVERSAS OBRAS NAS ÁREAS DE DIREITO CIVIL, COMERCIAL, BANCÁRIO, ADMINISTRATIVO E ARBITRAGEM.

PREFÁCIO

A obra *O Acordo na Jurisdição Constitucional*, de Marcus Vinicius Vita, apresenta-se como contribuição fundamental para o entendimento de um dos fenômenos mais significativos do constitucionalismo brasileiro contemporâneo: a crescente utilização de mecanismos autocompositivos no âmbito do controle abstrato de constitucionalidade.

Não seria exagerado afirmar que, nos últimos anos, o Supremo Tribunal Federal (STF) inaugurou uma nova era na resolução de conflitos constitucionais, privilegiando instrumentos de negociação e autocomposição que transcendem a tradicional adjudicação heterocompositiva[1]. Essas soluções mostram-se pertinentes sobretudo diante dos desafios postos por questões político-jurídicas de alta complexidade, frequentemente marcadas por fricções entre Poderes e pelas críticas ao ativismo judicial.

Nesse contexto, alternativas de autocomposição surgem como manifestação da governança colaborativa judicial, na qual há a modalidade de cogestão do conflito. A grandiosidade dessa transformação reside na abertura hermenêutica da jurisdição constitucional à compreensão e conformação da realidade jurídica, econômica e social experimentada. Torna-se imperativo reconhecer a

1 Essa evolução metodológica da autocomposição no controle abstrato de constitucionalidade manifestou-se, sobretudo, (i) no julgamento da Ação Direta por Omissão (ADO) 25, em que firmado acordo que solucionou o histórico impasse sobre as compensações da Lei Kandir, estabelecendo critérios objetivos para os repasses financeiros da União aos Estados; (ii) na Arguição de Preceito Fundamental (ADPF) 984 e Ação Direta e Inconstitucionalidade (ADI) 7.191, mediante a celebração de acordo interfederativo que equacionou as perdas estaduais decorrentes da desoneração do ICMS sobre combustíveis, demonstrando a viabilidade de soluções consensuais em matéria tributária-federativa; e (iii) no Recurso Extraordinário (RE) 1.366.243 (Tema 1.234), por meio de acordo que estruturou um novo modelo de competências e responsabilidades no fornecimento de medicamentos não padronizados no SUS, redefinindo parâmetros do federalismo sanitário brasileiro.

comunicação entre norma e fato (*Kommunikation zwischen Norm und Sachverhalt*), que constitui condição da própria interpretação constitucional, uma vez que o processo de conhecimento envolve a investigação integrada de elementos fáticos e jurídicos.

É claro que essa expansão do uso de acordos na jurisdição constitucional deve ser acompanhada por salvaguardas necessárias. O caráter *erga omnes* e os efeitos vinculantes próprios do controle concentrado de constitucionalidade parecem, à primeira vista, confrontar a lógica intrínseca dos métodos consensuais, tradicionalmente vocacionados à composição de interesses particulares identificáveis.

Ademais, a multiplicidade de centros de interesse afetados pelas decisões em sede de controle abstrato – que ultrapassam em muito a clássica bilateralidade processual – adiciona camadas de complexidade ao debate sobre a legitimidade e os contornos possíveis da autocomposição nessa seara. Emerge, assim, o desafio hercúleo de compatibilizar a inegável potencialidade dos métodos consensuais com os imperativos dogmáticos e as peculiaridades estruturais do processo objetivo de constitucionalidade.

É nesse contexto único de encruzilhadas teóricas que se insere a presente obra. De maneira original e crítica, ela demonstra que os acordos no âmbito do STF superam a mera instrumentalidade processual, configurando-se como resposta à crise de legitimidade do Direito em sociedades marcadas pela fragmentação social.

O rigor da investigação acadêmica ora apresentada manifesta-se na confluência entre o arcabouço teórico – fundamentado nas contribuições seminais de Dieter Grimm, Peter Häberle e Gunther Teubner – e uma discussão empírica meticulosa da jurisprudência do STF.

A abordagem interdisciplinar – que estabelece intersecções entre direito, sociologia e filosofia – é complementada ainda por uma análise quantitativa dos acordos em processos objetivos e por estudos de casos emblemáticos, como a Arguição de Descumprimento de Preceito Fundamental (ADPF) 165/DF, evidenciando as discrepâncias entre a normatização das soluções consensuais e sua materialização na práxis jurídica.

Tal análise multidimensional permite a esta obra mostrar como a virada hermenêutica da Corte Constitucional brasileira se articula com o fenômeno da proceduralização. Esse diagnóstico corrobora a necessidade de instrumentos autocompositivos que possam adequadamente endereçar a complexidade das questões constitucionais contemporâneas.

Por todos esses motivos, não tenho dúvida de que os debates e as soluções propostos por este livro, que tenho a satisfação de apresentar, haverão de frutificar, estimulando outras discussões nessa matéria tão atual e ainda tão carente de estudos sistemáticos.

Desejo a todos proveitosa leitura!

Gilmar Ferreira Mendes
MINISTRO DO SUPREMO TRIBUNAL FEDERAL.
DOUTOR EM DIREITO PELA UNIVERSIDADE DE MÜNSTER, ALEMANHA.
PROFESSOR DE DIREITO CONSTITUCIONAL NOS CURSOS
DE GRADUAÇÃO E PÓS-GRADUAÇÃO DO INSTITUTO
BRASILEIRO DE ENSINO, DESENVOLVIMENTO E PESQUISA (IDP).

INTRODUÇÃO

O Direito, como conceito interpretativo e como sistema social de resolução de controvérsias, se sempre esteve a reboque dos fatos, parece ter se tornado ainda mais incapaz de dar respostas eficazes e em tempo aceitável às problemáticas que a atual sociedade policêntrica lhe impõe com grande velocidade. É a crise do Estado moderno legalista e da pretensão estatal de tudo regular. A partir de um paradigma de Direito Procedural, em que a jurisdição constitucional deixa de impor soluções verticais, a jurisdição passa a ser árbitra de interesses, mediante a definição de regras procedimentais que permitam a todos os atores sociais impactados pelo conteúdo de uma decisão de cariz constitucional construírem as suas próprias soluções. Tomando-se como base esse paradigma teórico e a partir de uma análise quantitativa e qualitativa dos acordos celebrados em processos objetivos no âmbito do Supremo Tribunal Federal nos últimos dez anos, o objetivo deste livro, após uma digressão narrativa a respeito dos benefícios do acordo, notadamente no âmbito da jurisdição constitucional, é revelar se efetivamente tal instrumento de composição de conflitos é sobremaneira mais eficaz na solução de controvérsias específicas do mundo contemporâneo que estão para além do código binário do lícito/ilícito. Seria, pois, o acordo, mais uma ferramenta passível de ser utilizada pelos Juízes da Suprema Corte em situações específicas? Seria o acordo uma forma de *non liquid* aplicável a situações novas e complexas, em que ainda não haja amadurecimento social e legislativo adequados?

No presente livro, serão examinados os motivos pelos quais, embora tenha avançado rapidamente no âmbito normativo, na prática o Supremo Tribunal Federal tem aderido pouco às soluções negociadas no âmbito das ações de fiscalização abstrata de constitucionalidade. Existem, todavia, precedentes recentes que indicam a maior inclinação da Corte ao instituto, mas ainda longe de ser considerado como plenamente aceito.

A importância do acordo decorre, sem qualquer dúvida, da mudança das dinâmicas sociais. No plano sociológico, o atual paradigma linguístico contemporâneo é marcado por um movimento de predominante virtualização de todas as esferas da vida social. Falamos do mundo dos dados, ou do capitalismo de vigilância, naquilo que a professora emérita da *Harvard Business School*, Shoshana Zuboff, chama da *morte da individualidade*. Com efeito, e como acentua a referida professora, em sua obra *A Era do Capitalismo de Vigilância*, *"a morte há muito tempo esperada da individualidade por fim dissipa as ficções que não passam de distrações e transformam em fetiches as noções de liberdade e dignidade. O behaviorista de Harvard do século XX e o cientista de dados do MIT do século XXI concordam que a noção de livre-arbítrio não passa de outra reminiscência infeliz de uma era de trevas em que a ciência ainda não havia demonstrado que, como diz Skinner, vivemos sob o controle de um ambiente social que milhões de outros construíram."* (Zuboff, p. 495).

Já para Zygmunt Bauman, a contradição que mais nos toca é aquela decorrente do "profundo hiato entre o direito à autoafirmação e a capacidade de controlar os contextos sociais que tornam essa autodeterminação viável. É esse hiato abissal que emanam os eflúvios mais venenosos que contaminam a vida dos indivíduos contemporâneos." (Bauman, p. 37).

Na visão de Bauman, uma das características mais marcantes da realidade líquida é a ideia de que as relações interpessoais se tornaram voláteis e superficiais. Bauman argumenta que, na modernidade líquida, as conexões humanas são frequentemente fugazes, baseadas em condições passageiras e interesses momentâneos. O romantismo e os laços duradouros cederam lugar a relacionamentos que são tratados como "produtos", facilmente iniciados e encerrados. Esse fenômeno se manifesta nas relações amorosas, na amizade e até nas conexões digitais, onde a presença virtual pode ser intensa, mas a profundidade emocional é muitas vezes rasa. Outro aspecto da realidade líquida é a obsolescência rápida das identidades e dos papéis sociais.

Já na *modernidade sólida*, ainda segundo Bauman, as pessoas tinham um senso de identidade mais estável, derivado de sua ocupação, família e status social. Com a liquidez, essas identidades tornaram-se mais fluidas e maleáveis, levando a uma constante reinvenção de si. Isso pode ser libertador em alguns aspectos, pois permite que os indivíduos explorem diferentes facetas de sua identidade, mas também pode gerar ansiedade e confusão diante da falta de um núcleo identitário fixo.

Bauman também aborda a influência da globalização sobre a realidade líquida. A interconexão entre países e culturas propiciada pela era digital trouxe novas oportunidades, mas também desafios e desigualdades. Enquanto as informações e as mercadorias fluem rapidamente pelo mundo, uma certa fragilidade social se instala, já que a interdependência econômica pode exacerbar incertezas e vulnerabilidades. O risco de desemprego, a insegurança financeira e as crises migratórias se tornam comuns em um mundo onde as estruturas sociais não conseguem acompanhar a velocidade das mudanças. É esse novo mundo, retrato teoricamente por Bauman, mas em grande medida comprovado empiricamente, que se apresenta aos juízes constitucionais. É, deveras, o grande desafio das Cortes constitucionais.

A contradição existencial do mundo contemporâneo, que define nossas condições de existência, é inelutável: queremos exercer controle sobre nossa vida, porém em todo lugar esse controle é frustrado. A individualização levou cada um de nós a vagar em busca de recursos que precisamos assegurar para uma vida efetiva, mas a cada momento somos forçados a batalhar com uma economia e uma política para as quais não passamos de números. Vivemos com a consciência de que a nossa vida tem um valor especial, mas somos tratados como invisíveis. Nas felizes palavras de Shoshana Zuboff, à medida que as recompensas do capitalismo financeiro em seu último estágio escorrem entre nossos dedos, somos deixados a contemplar o futuro com uma perplexidade que, com frequência cada vez maior, desponta para a violência. (idem, p. 525).

Nossas expectativas de autodeterminação psicológica são a base sobre a qual nossos sonhos se desenrolam, então as perdas que experimentamos no fogo lento da crescente desigualdade, exclusão, competição generalizada e estratificação não são apenas econômicas. Elas nos dilaceram em desânimo e amargura porque temos a ciência de que somos merecedores de uma dignidade individual e do direito a uma vida nos nossos termos. O poder totalitário de *1984*, de George Orwell, hoje se reflete no controle dos dados. O poder totalitário retratado em *1984* é algo sem precedentes, concebido no século XX a partir da colisão de industrialismo e desespero, uma forma inédita para a história humana. Orwell fez mais do que apenas ficcionar e extrapolar o projeto totalitário. Ele soou um alerta ao traçar uma horripilante linha de consequências desde o então passado alemão e o persistente presente soviético até um futuro imaginado, mas 100% possível. A genialidade de Orwell foi criar e elaborar uma história que personifica o cerne do totalitarismo: a impiedosa insistência na possessão absoluta de cada ser humano individual. Não é nada que se distinga, quando ao contrário reforça, do papel das *big techs* no mundo contemporâneo.

O mundo de Orwell, oriundo do industrialismo, foi transformado para o mundo dos dados. Não há, hoje, nada que o indivíduo seja capaz de fazer para escapar do controle de redes sociais, do comércio eletrônico, de plataformas digitais, e de todo o mais que se faça na vida em sociedade. O *grande irmão* está em celulares, dispositivos móveis e eletrônicos em geral, que conhecem os nossos modos, desejos, vontades e fraquezas. O poder do monopólio de tais informações é de tal alcance que ingressa no desejo do indivíduo, na sua esfera íntima, conhecendo-o de forma a permitir que a máquina antecipe as atitudes, e, com isso, indique produtos, músicas, filmes, enfim, exatamente o que indivíduo necessita em cada momento específico de sua vida. Nos tornamos, pois, produtos expostos em prateleiras virtuais.

É esse *mundo novo* que as Supremas Cortes têm de enfrentar, e a brasileira, em tal sentido, mostra-se na vanguarda, não se furtando à análise dos temas que lhe são levados. Mas talvez aí resida o seu maior perigo. Com efeito, a revisão do behaviorismo do século XX passa pelo giro ontológico linguístico de conceitos fundantes da democracia ocidental, tais como intimidade, liberdade de expressão, dignidade da pessoa humana e, o mais importante, o papel do Estado, em especial da Suprema Corte, na salvaguarda dos direitos fundamentais, que se vê obrigada a sair de um papel puramente de *self-restraint*, para assumir postura mais construtiva.

O Supremo Tribunal Federal brasileiro, que rendeu precedentes magníficos contra a censura e controle da liberdade de expressão – valendo-se mencionar um dos mais eloquentes e magistrais votos da Ministra Carmen Lúcia na ADI 4.815 – em que reverberou a frase *"cala boca já morreu"*, dita em seguinte contexto: *"Na ciranda da roda da minha infância, alguém ficava no centro gritando: "cala a boca já morreu, quem manda na minha boca sou eu". O tempo ensinou-me que era uma musiquinha, não uma realidade."* Discutia-se, naquele caso, a liberação de biografias não autorizadas, naquilo que hoje se poderia chamar de direito de livre expressão convencional, assim entendido como a forma clássica, século XX, de manifestação de opiniões e ideias, por meio de livros ou artigos. Todavia, as formas de expressão de pensamento foram perigosamente amplificadas.

Agora, a Suprema Corte é desafiada pelos perfis em redes sociais, determinando sua retirada pelo seu histórico e potencial de ataques a terceiros e às instituições democráticas, em especial nos períodos eleitorais. Em uma palavra: o próprio Supremo Tribunal Federal teve que rever o conceito de censura para adequá-lo à nova ágora moderna, a das redes, a praça pública virtual que desconhece leis e a verdade, e cria a sua própria. Desconhece, sobretudo, o conceito de soberania nacional e de exercício da jurisdição estatal. Não é demais relembrar que a própria Ministra Carmen Lúcia, ferrenha defensora da liberdade de expressão, no TSE viu-se obrigada a desmonetizar e determinar a retirada dos canais virtuais de determinado documentário, pelo potencial de influenciar, negativamente, o pleito eleitoral daquele ano.

Deparou-se, pois, o Supremo, diante do desafio de proibir perfis antecipadamente, e não a *posteriori*, já que uma vez divulgada uma notícia falsa ou mesmo um ato atentatório ao Estado Democrático de Direito, de nada adiantaria aplicar medidas posteriores ou impor retratações, já que a divulgação é de velocidade espantosa e incontrolável e, em um átimo, torna-se *verdade* na realidade distópica de determinados segmentos sociais. O que antes poderia ser rotulado de censura prévia, pela lógica do constitucionalismo clássico pós Segunda Guerra, agora se cuida de algo muito maior: proteger direitos fundamentais coibindo a prática de crimes virtuais, antes que aconteçam. Ou, em outras palavras, tentar colocar o mínimo de respeito à ordem jurídica no ecossistema caótico e desregulado das mídias sociais. Ainda assim, a impressão que se tem, pelas ferramentas clássicas do atual sistema, é a de que estamos *enxugando gelo*, na busca de controlar o incontrolável. É preciso, pois, enxergar tal debate por outro prisma epistemológico, dissociado da clássica prestação jurisdicional apegada ao binômio lícito/ilícito, inconstitucional/inconstitucional.

A questão das mídias e plataformas sociais/eletrônicas é apenas um dos temas, ainda que o mais eloquente e candente, que desafiam e ainda desafiarão o Supremo Tribunal Federal. A hipercomplexidade desse *admirável mundo novo* levará à Corte questões de inteligência artificial, de alteração genômica, de limites de bioética, de prática de crimes em ambientes distópicos, como o metaverso, e outro sem número de questões que a mais prodigiosa das mentes humanas não conseguiria, agora, prever.

Como adverte o economista francês Thomas Piketty, uma economia de mercado, deixada à sua própria sorte, contém forças de divergências vigorosas e potencialmente ameaçadoras para nossas sociedades democráticas e para os valores de justiça social sobre os quais elas se fundam. Muitos estudiosos passaram a descrever essas novas condições como *neofeudalismo,* marcadas pela consolidação da riqueza e poder da elite muito além do controle de pessoas comuns e dos mecanismos de consentimento democrático. Superiores, mesmo, ao próprio Estado. (Piketty, p. 255).

Em outra quadra, passa-se, inegavelmente, por uma Quarta Revolução Industrial ou pelo acontecimento histórico da Indústria 4.0, cujo elemento central estruturante é o que Klaus Schwab denomina de Internet das Coisas (IoT). Na acepção teórica de Schwab (2018, p. 148), a IoT "trata de uma gama de sensores inteligentes conectados que coletam, processam e transformam os dados de acordo com a necessidade; os dados são, então, enviados para outros dispositivos ou indivíduos para atender aos objetivos de um sistema ou usuário".

Em *Uma revolução não, uma evolução: a promessa, o desafio e oportunidade da IoT,* Richard Soley (2018, p. 154) adverte que é "fácil ver como a IoT impactará todas as principais indústrias: serviços de saúde; sistemas financeiros; transporte; produção, transmissão e distribuição de energia; agricultura; serviços de cidade inteligente... a lista é interminável".

O século XXI representa, por tal prisma, a completa quebra dos paradigmas sociais e paradoxos autorreferentes passíveis de solução pelo ordenamento jurídico, e isso por uma profunda mudança no próprio sistema capitalista, mais uma vez como adverte Shoshana Zuboff:

> O capitalismo de vigilância não é o velho capitalismo, e seus líderes não são os capitalistas de Smith ou mesmo de Hayek. Sob esse regime, liberdade e ignorância não são mais gêmeas, não são mais dois lados da mesma moeda chamada mistério. Em vez disso, o capitalismo de vigilância sem precedentes de liberdade *e* conhecimento. O grau

> dessa convergência corresponde exatamente ao escopo do poder instrumentário. Essa acumulação desimpedida de poder sequestra a divisão de aprendizagem na sociedade, instituindo a dinâmica de inclusão e exclusão da qual as receitas da vigilância dependem. Os capitalistas de vigilância reivindicam a liberdade de ordenar o conhecimento e então potencializam essa vantagem em conhecimento para proteger e expandir sua liberdade[1].

Com efeito, no capitalismo, porém, a demanda latente mobiliza provedores e suprimentos. O capitalismo de vigilância, hoje vivido, não parece ser diferente, ao contrário. Como alerta Shoshana Zuboff, o imperativo de predição solta os cães de vigilância para que persigam o comportamento das profundezas, e usuários bem-intencionados o cedem de forma involuntária, em nome de uma experiência *personalizada* no uso de aplicativos e redes sociais. Os *meios de produção* servem aos *meios de modificação comportamental*. Processos de máquinas substituem relações humanas para que a certeza possa substituir a confiança. Essa nova montagem se baseia num vasto aparato digital, em concentração de conhecimento nunca antes vista na história da humanidade. Existe, de fato, uma captura da vontade do indivíduo, e um maniqueísmo que o induz, subliminarmente, ao consumo de produtos ou, o que é pior, ao acolhimento de pseudoverdades forjadas para favorecer esse ou aquele grupo social ou político. Em passado não tão distante, o Facebook foi o responsável por uma sangrenta revolução em Mianmar e, ainda, a denominada "primavera árabe", exemplos eloquentes do poder de manipulação das redes.

De todo oportuna, em tal sentido, a observação de Yuval Harari:

---

1 idem, p. 560

> Antigamente a terra era o ativo mais importante no mundo, a política era o esforço para controlar a terra, e se muitas terras acabassem se concentrando em poucas mãos – a sociedade se dividia em aristocratas e pessoas comuns. Na era moderna, máquinas e fotografias tornaram-se mais importantes que a terra, e os esforços políticos focam-se no controle desses meios de produção. Se um número excessivo de fábricas se concentrasse em poucas mãos – a sociedade se dividiria entre capitalistas e proletários. Contudo, no século XXI, os dados vão suplantar tanto a terra quanto a maquinaria como o ativo mais importante, e a política será o esforço para controlar o fluxo de dados. Se os dados se concentrarem em muitas poucas mãos – o gênero humano se dividirá em espécies diferentes. (HARARI, p. 217).

Da lição de Harari, extrai-se o paradoxo do mundo contemporâneo: se o acúmulo de dados definirá ou já define a riqueza, os indivíduos é que serão a sua fonte. Nas prateleiras do mundo contemporâneo, são os desejos e vontades dos seres humanos que serão comercializados, o que coloca a defesa dos direitos fundamentais em outra dimensão, nunca pensada.

Nunca é demais relembrar, em brevíssimo escorço histórico, que a primeira geração de direitos fundamentais, também conhecida como direitos civis e políticos, surgiu com as declarações de direitos do século XVIII, como a Declaração dos Direitos do Homem e do Cidadão, na França, e a Declaração de Independência dos Estados Unidos. Esses direitos incluem a liberdade de expressão, o direito à vida, à propriedade, à privacidade e ao devido processo legal. A ênfase nessa geração é a proteção do indivíduo contra abusos do Estado, promovendo a autonomia e a liberdade. Tinha-se, pois, o Judiciário defendendo o cidadão dos desmandos do Estado, muito bem representada na conhecida expressão *ainda há juízes em Berlin,* do Moleiro da *Sans-Souci.*

Já a segunda geração de direitos fundamentais, os direitos econômicos, sociais e culturais, emergiu no século XX, em resposta às desigualdades geradas pela Revolução Industrial e às crises econômicas. Esses direitos garantem condições mínimas de vida, como o direito ao trabalho, à educação, à saúde e à assistência social. O foco aqui é a promoção da igualdade material, buscando assegurar que todos os indivíduos tenham acesso às necessidades básicas para viver dignamente. E, em tal ponto, o Judiciário e, em especial, a Suprema Corte, nunca se furtou em reafirmar tais direitos.

Nos anos 1970 e 1980, uma nova camada de direitos começou a ganhar reconhecimento, culminando na terceira geração de direitos fundamentais, que abarca os direitos coletivos e difusos. Essa geração é marcada pela reivindicação de direitos que vão além do indivíduo, incluindo direitos relacionados ao meio ambiente, à paz, à saúde e aos direitos de grupos específicos, como minorias e povos indígenas. A ideia central desses direitos é reconhecer que desafios contemporâneos exigem uma abordagem mais coletiva e global.

Adicionalmente, a compreensão dos direitos fundamentais passou a incluir a interdependência das gerações. Isso significa que não se deve tratar as gerações de direitos como isoladas, mas sim como partes integradas de um todo. A violação de um direito pode afetar a realização de outros, ressaltando a necessidade de um tratamento holístico e interligado dos direitos humanos.

Dentre as mais recentes discussões sobre os direitos fundamentais, destaca-se a noção de direitos de quarta geração, que incluem direitos relacionados à tecnologia e à informação. Com a ascensão da internet e das tecnologias digitais, surgem sutilezas como a privacidade de dados, a liberdade de expressão online e o acesso à informação. Esses novos direitos refletem as mudanças na sociedade contemporânea e a necessidade de proteção diante de desafios da era digital.

O paradoxo contemporâneo é a reafirmação dos direitos já conquistados tendo por desafio o próprio mundo privado, as grandes corporações que ditam, criam e moldam a vida em sociedade e que transformaram o indivíduo em produto. Em que medida o Judiciário, que foi ator essencial na proteção dos direitos fundamentais até aqui, poderá controlar tal prática, já que decorrente da lógica capitalista?

E aqui reside o ponto central de reflexão do presente livro. Apesar da importância de temas para a vida em sociedade como o do direito à intimidade, na era dos dados compartilhados e da mudança do próprio conceito de capitalismo, a política tem o seu tempo próprio e que não segue, necessariamente, o da dinâmica social, sendo mesmo indene de dúvidas que caberá ao Poder Judiciário, em especial à jurisdição constitucional o debate de temas, como é próprio, *v.g.*, da Arguição de Descumprimento de Preceito Fundamental. Esse é o retrato da hipercomplexidade das sociedades contemporâneas pós-modernas, marcadas por profundas e permanentes diferenciações sociais e econômicas, que a todo o momento descortinam práticas sociais que ressignificam modelos tradicionais de regulação estatal da vida social por meio do subsistema do Direito.

E tamanho é o impacto da informação e da hipercomplexidade das relações daí surgidas, que a quarta geração de direitos fundamentais já está se desdobrando em uma quinta, que agora prestigia, dentre outros direitos, a segurança humana. Paradoxalmente, uma quinta geração que, em certa medida, nos protege da quarta. Isto é, o Direito, como fenômeno social e conceito interpretativo em permanente construção criativa, como alude Ronald Dworkin no capítulo "Conceitos de Interpretação" do clássico *O Império do Direito*, não está à deriva das disruptivas transformações tecnológicas pelas quais passa o mundo "líquido" (Bauman, 2018) ou "pós-moderno".

Todavia, isso não o isenta da sua própria crise. Segundo adverte Bruno Feigelson (2018, p. 166), "o direito, em muitas situações, vem a reboque dos fatos, o que no caso das dinâmicas disruptivas é algo ainda mais perceptível, pois tais modelagens avançam na vida social em velocidade incompatível com os movimentos normativos". O mundo contemporâneo não concebe mais aguardar a formação da norma jurídica, no sentido que preceituava Miguel Reale (1993), em sua clássica teoria tridimensional do Direito, enquanto fato, valor, e, ao final, tendo a norma como resultado, passível de controle pelo Supremo Tribunal Federal pelo cotejo com normas e princípios constitucionais plenamente aptos ao teste de constitucionalidade de uma nova lei ou ato normativo. A pós-modernidade prescinde da norma, já que atropela o curso normal do processo democrático e o próprio amadurecimento pelo Parlamento e pelo Judiciário de determinados temas.

Daí, exsurge o seguinte paradoxo: como o Direito contemporâneo, afeiçoado a um paradigma materialmente regulador de todas as esferas sociais, será capaz de normatizar adequadamente e oferecer soluções tempestivas e eficientes às hipercomplexidades ou às contradições autorreferentes que a todo o momento se desvelam no seio do tecido social?

O Judiciário conseguiria resolvê-los? O Direito conseguiria? "As contradições paradoxais constituem um dos principais traços distintivos da sociedade pós-moderna", questiona Georges Abboud (2021, p. 568). Com efeito, é nesse cenário que se apresenta o acordo na jurisdição constitucional de controle concentrado, como mais uma ferramenta para auxiliar os julgadores a regular, ainda que de forma temporária, situações absolutamente novas. O sujeito transcendental kantiano foi o paradigma epistemológico que dominou boa parte da modernidade, no entanto, em um mundo marcado pela pós-verdade, as narrativas e as convicções subjetivas tendem a ser mais persuasivas do que os fatos verificáveis e as evidências. Nos dizeres de Georges Abboud (2021, p. 575), "o paradoxo, na dinâmica social atual, ocupa um aspecto onipresente e central", especialmente na atual sociedade, "marcada (i) por uma contradição congênita, pois é, ao menos tempo, capitalista e de bem-estar social; e (ii) pelos desafios carreados pela globalização e pelas novas tecnologias". Eis, portanto, o principal dilema sobre o qual se defronta a jurisdição constitucional na atual quadra da pós-modernidade.

Para Luís Roberto Barroso e Patrícia Perrone Campos Mello, em artigo acerca do papel criativo dos tribunais, a questão poderia ser resolvida por uma hermenêutica construtiva, sopesando os princípios constitucionais e proferindo, a Suprema Corte, o que chamam de sentenças aditivas, no sentido de incluir novéis previsões em determinada norma ou, mesmo, em sua ausência, determinados fatos não positivados, seja pela técnica da interpretação conforme, inconstitucionalidade parcial sem redução de texto, ou inconstitucionalidade sem pronúncia de nulidade. O Judiciário, pois, e segundo os autores, daria solução àquilo que o Congresso ou mesmo a sociedade ainda não teriam consenso. Argumentam os autores, após a análise de temas sensíveis julgados pelo Supremo Tribunal Federal e que não tinham previsão em lei, como o reconhecimento de núcleo familiar formado por pessoas de mesmo sexo ou a permissão do aborto em caso de anencefalia, que:

> "Como esse relato demonstra, a vida avança na frente do Direito. Não é raro que novas relações e demandas chegam ao Judiciário antes de serem compreendidas em toda a sua extensão e reguladas pelo legislador. Ao juiz não é dada a alternativa de deixar de decidir uma matéria porque o Poder Legislativo ainda não se pronunciou a seu respeito ou porque se manifestou de forma incompleta. Diante de um caso inédito, precisa produzir uma decisão que satisfaça a critérios de segurança jurídica, e que seja, portanto, passível de recondução ao ordenamento jurídico. Ao mesmo tempo, deve proferir um entendimento que também atenda a *standarts* mínimos de justiça. Esse é o desafio do Direito: conciliar segurança e justiça. Portanto, esse é o desafio do juiz, mesmo que ainda não haja uma regra positivada a respeito do tema que é chamado a decidir."[2]

E prossegue o artigo, apontando o exato problema aqui abordado, porém como solução o conceito clássico da jurisdição constitucional, em sistema *top down* e vedação ao *non liquid:*

> "(...)
> Além da crescente complexidade da vida social, a ambiguidade da linguagem, os desacordos morais razoáveis e a colisão entre normas constitucionais são alguns dos múltiplos fatores capazes de gerar caos para os quais não há uma solução pronta no ordenamento jurídico e cuja decisão dependerá de uma atuação judicial inovadora."

O risco maior, se adotada apenas a solução *top down* – tal qual defendida no referido artigo – é a prática reiterada do indesejável ativismo judicial e o possível cenário

2 Barroso, Luís Roberto, Perrone Campos Mello, Patrícia. O PAPEL CRIATIVO DOS TRIBUNAIS - TÉCNICAS DE DECISÃO EM CONTROLE DA CONSTITUCIONALIDADE. Revista da AJURIS, Porto Alegre, v. 46, Junho, 2019.

disso decorrente, qual seja, o de contestação de decisões da Suprema Corte, no conhecido efeito *backlash*. Cuidar-se-ia, na visão luhmanniana, de decisões autopoiéticas, já que não buscariam no sistema jurídico a solução da respectiva temática, mas sim na concepção própria e subjetiva da realidade dos respectivos julgadores. A mera menção, em decisões construtivas, a princípios abertos e polissemânticos não permite afirmar, deveras, que a decisão se deu de forma autopoiética.

O Judiciário, em tal ponto, correria o risco de se obrigar a decidir o indecidível, pela premissa de que não é dado aos julgadores deixar de julgar temas que lhe são levados, e, com isso, criar armadilha para si mesmo, já que poderá aprofundar crises já existentes, ou mesmo criá-las, a depender dos interesses não contemplados na decisão. O acordo, em tal giro, permite a construção de solução consensual com a participação de todos os envolvidos, necessariamente mutável ou mesmo revogado a qualquer tempo, e que resolverá interesses, e não conflitos.

É necessário, pois, progredir-se para um modelo cognitivo e epistemológico de um "direito proceduralizado, isto é, mais flexível, aberto ao aprendizado e adaptável às necessidades da realidade" (Abboud, 2021, p. 566), especialmente, como já dito, no contexto de um subsistema jurídico autopoiético pós-moderno que lida com a crescente judicialização do não direito, do que está além das fronteiras dos códigos jurídicos binários do lícito/ilícito, do constitucional/inconstitucional.

Nesse sentido, a teoria dos sistemas, cujo expoente maior é Niklas Luhmann, parece não ser, em boa medida, um aporte teórico capaz de endereçar respostas estruturalmente adequadas ao correto funcionamento das múltiplas questões sociológicas que escapam radicalmente ao que tradicionalmente o Direito prescreve ser lícito ou ilícito. Em sendo assim, a "proceduralização" jurídica se revela, portanto, como importante abertura cognitiva do Direito a um pluralismo radical de autonomias sociais hipercomplexas. Afinal, "o que se encontra no centro do direito como constituição legal é a relação do direito com autonomias sociais extremamente variadas em suas normatividades e racionalidades intrínsecas" (Abboud, 2021, p. 582).

Somente com a renúncia à expansiva pretensão do Direito de tudo regular, de sufocar materialmente todas as esferas orgânicas da vida social e para a qual a jurisdição constitucional terá de se valer de ponderações e princípios abertos, é que se pode evitar o "(i) risco de degeneração [do Direito] por se transformar em instrumento para produção do não direito (política, por exemplo) e (ii) a paralisia seguida de sua obsolescência" (Abboud, 2021, p. 579). Trata-se, no limite, de abandonar o velho arquétipo decisório do "tudo ou nada" *(all or nothing)* e da pretensão de tudo regular.

> Em vez disso, a corte estabelecerá uma área geral de atuação livre e negociada para cada instituição de acordo com a sua competência, e manterá essa área dentro de sua esfera através de normas gerais frouxas/livres de proporcionalidade e razoabilidade moldadas na forma de critério de equilíbrio. (Abboud, 2021, p. 587)

Mais do que isso, cuida-se de abandonar, ao menos para problemas específicos para os quais o Direito não possui uma resposta perfeitamente adequada, a ideia segundo a qual o sistema jurídico e todas as respostas possíveis para problemas complexos são, necessariamente, fornecidas pelo Estado. Em tal contexto, o acordo se apresenta como ferramenta flexível, autocompositiva e com a participação efetiva dos atores envolvidos, para que provisoriamente se possam regular novas relações jurídicas até que o ordenamento jurídico ou mesmo o Judiciário possa melhor definir e compreender os interesses em jogo e a forma de resolvê-los com grau de definitividade. Afinal, na atual sociedade das plataformas e de múltiplos centros sociais para além do Estado, normas de conduta são a todo o momento prescritas independentemente de um ente central. Trata-se de uma reconfiguração do Estado Constitucional Moderno. É como explica Ricardo Campos em *Metamorfoses do Direito Global*, remontando-se ao pluralismo jurídico de Gunther Teubner:

> Inspirado por Eugen Ehrlich, Teubner se distancia do conceito de Direito de Luhmann no que diz respeito à sua centralidade no Estado no sentido teórico conferido pela teoria dos sistemas, ao se distanciar da dependência da reprodução do Direito da legislação e jurisdição estatal, buscando assim uma nova teoria pluralista do Direito centrada em "processos espontâneos de criação do Direito" (Campos, 2022, p. 77).

Trata-se, então, de uma mudança na visão do papel funcional das Cortes Constitucionais para emprestá-las um novo instrumental procedimental, isto é, de abandonar o modo de vê-las unicamente como instâncias decisórias mais qualificadas para decidir, e abraçar um paradigma cognitivo que enxerga nos Tribunais, a depender do tema, o papel de um mediador qualificado de conflitos. Neste contexto, constitui-se a principal abordagem da presente obra: como o Supremo Tribunal Federal se comporta face aos paradoxos autorreferentes da pós-modernidade? Em outras palavras, como o Tribunal Constitucional brasileiro lida com problemas cognitivos que lhe são endereçados, problemas estes cujas respostas estão para além do Direito, no campo do "indecidível", especialmente quando atua em sede de fiscalização abstrata e tutelando direitos fundamentais?

Também se apresentará, com a respectiva análise, na jurisprudência do Supremo Tribunal Federal, hipóteses de acordos em sede de fiscalização abstrata como mecanismos de soluções consensuais de conflitos para verificar como e de que modo a Corte se abriu e se abre cognitivamente a questões complexas que estão além do código binário constitucional/inconstitucional para construir significados constitucionalmente adequados a problemas – não jurídicos – que lhe são entregues.

Igualmente, se buscará demonstrar, a partir de uma análise qualitativa, como os acordos em sede de fiscalização abstrata de constitucionalidade **são mecanismos de solução consensual de controvérsias que permite**m a atores especializados construir democraticamente, no âmbito da jurisdição constitucional, soluções provisórias que melhor se adequam a problemas pós-modernos.

E, a partir da análise realizada, verificar qual é o comportamento adotado pelo Supremo Tribunal Federal na última década em matéria de soluções negociadas de questões constitucionais complexas, quais foram os avanços em matéria de acordo e quais são as soluções possíveis para se avançar na adoção de tais práticas.

Este estudo se justifica por pretender mostrar, sem a pretensão de exaurir, quais são as feições decisórias e institucionais que o Supremo Tribunal Federal, como guardião da Constituição e, de algum modo, da própria democracia, adota atualmente frente às complexidades que o mundo pós-moderno apresenta no contexto de uma sociedade fragmentária e com problemas cognitivamente cada vez mais especializados.

Em outro giro, também a partir das reflexões a propósito da crise do Estado moderno legalista e do paradigma do Estado Procedural no atual contexto social da pós-modernidade é que surgem teóricos como Niklas Luhmann e Gunther Teubner, os quais, na literatura internacional, fazem reflexões, respectivamente, sobre o sistema jurídico como autopoiético e dotado de códigos binários; do sistema jurídico como submetido à uma pluralidade de subsistemas sociais que se integram mutuamente no atual contexto social fragmentário contemporâneo; e do proceduralismo como paradigma epistemológico que orienta o Estado e, sobretudo, a jurisdição constitucional que, a depender do caso, poderá adotar um outro perfil decisório.

Ademais, para subsidiar o quanto aqui apresentado, será utilizado o repertório de acordos celebrados pelo Supremo Tribunal Federal para, a partir daí, traçar suas conclusões sobre o perfil que a Corte vem assumindo e como se ela se comporta no atual paradigma social pós-moderno.

Para que leitor se guie, o presente livro está organizado em cinco capítulos.

O primeiro contextualiza historicamente o que foi, quando se deu seu apogeu e quando ocorreu a crise do paradigma do Estado Constitucional moderno e o paradigma da legalidade.

O segundo traça e define o que é o paradigma do Proceduralismo.

O terceiro disserta a respeito do perfil ou dos perfis decisórios que o Supremo Tribunal Federal possui, especialmente quando celebra acordos em sede de ações de controle abstrato de constitucionalidade, em que as partes consensualmente resolvem seus problemas e que o Tribunal funciona como mero árbitro de interesses.

O quarto é, à guisa complementar, o modo como os acordos e as soluções negociadas são uma realidade que se impõem para além dos perímetros do Poder Judiciário, sendo observados, neste particular, no âmbito da Administração Pública Federal Direta (CCAF – AGU).

Ao final, serão apresentadas algumas possíveis razões pelas quais o acordo, na jurisdição constitucional abstrata do Supremo Tribunal Federal, ainda não é uma prática efetiva e quais são os possíveis desenhos institucionais e normativos para impulsionar a abertura da jurisdição constitucional a essa nova racionalidade, mais preocupada em acomodar expectativas cognitivas do que expectativas normativas fundadas apenas em autopoiese jurídica.

I. A PERSPECTIVA LEGALISTA: O ESTADO MODERNO COMO FONTE CENTRALIZADORA DE PRODUÇÃO NORMATIVA. O SURGIMENTO DO PARADIGMA DO ESTADO REGULADOR

Sem ingressar no debate historiográfico a respeito da longa duração[3] da Idade Média e do próprio conceito de longa duração, introjetado nas ciências sociais pela Escola dos Annales[4] na primeira metade do século XX, é possível se dizer, com alguma redução de complexidade, que Estado e Constituição são dois conceitos da Era Moderna ou de uma Idade Média tardia marcados pela centralização do poder e organização de uma burocracia.

É clássica e conhecida a teoria do sociólogo Max Weber, concebida ao final do século XIX e aprofundada na primeira metade do século XX, a respeito do fenômeno da burocracia moderna. Para Gercina Alves de Oliveira, o conceito weberiano de burocracia é fundado no conceito de autoridade legal:

> Suas raízes emergem da problemática do poder, sua origem e legitimidade, sua estrutura organizacional e funcionamento, sua eficácia e destinação e, por fim, suas consequências.

---

3 O conceito de longa duração foi criado pelo historiador francês Fernand Braudel, da Escola dos Annales. O conceito foi apresentado por Braudel em sua tese doutorado, publicada em 1949 e intitulada O Mediterrâneo e o Mundo Mediterrâneo na Época de Filipe II. Em síntese, o conceito de longa duração é uma reflexão sobre as camadas do tempo. Para Braudel, o tempo não é instantâneo e passageiro. Os fatos não se sucedem apenas num plano do instante. Há, para Braudel, 3 (três) camadas de tempo. Uma longa duração, cujas estruturas sociais atravessam séculos, uma média duração, cujo tempo é caracterizado por conjunturas e uma pequena duração, tempo no qual ocorrem os fatos breves da histórica factual clássica. Assim, a historiografia, a partir das reflexões da Escola dos Annales, notadamente da ideia de longa duração, entende que a divisão dos períodos históricos da história europeia não pode ser basicamente dividida em Idade Antiga, Média, Moderna e Contemporânea. Afinal, há estruturas de um dado período que se arrastam em tempos de longa duração para um outro período. Isto é, há estruturas da Antiguidade, por exemplo, que se verificam em práticas da Idade Moderna. Daí ser possível e tecnicamente possível se dizer, com segurança na acepção deste movimento historiográfico, que a centralização do poder e o surgimento de uma Constituição, por exemplo, são fenômenos que desde há muito são concebidos, antes mesmo da dita Era Moderna.

4 A escola dos Annales, inaugurada pelos historiadores Marc Bloch e Lucien Febvre, é um movimento historiográfico do século XX que se constituiu em torno do periódico acadêmico francês Annales d'histoire économique et sociale, tendo se destacado por incorporar métodos das Ciências Sociais à História.

> Burocracia designa, em Weber, um quadro de funcionário que, organizados dentro de uma forma específica e submetidos a normas de conduta específicas e determinadas, exercem autoridade legal.
> A burocracia, conforme visualizada e descrita por Weber é um tipo ideal de organização que, provavelmente não encontra réplica na realidade, mas funciona como importante modelo de análise sociológica e políticas nas pesquisas e desenvolvimento da teoria das organizações e, por consequência, no estudo e na formulação da teoria administrativa (Oliveira, 1970, p. 47).

Gercina Alves de Oliveira (1970, p. 48), interpretando Max Weber e o próprio conceito de autoridade racional-legal que lastreia a ideia de sociedade estruturada em uma burocracia formal, anota que "as normas legais são abstratas, enquanto consideradas como um sistema integrado denominado Direito, mas se concretizam na aplicação da lei aos casos particulares". E acrescenta a autora:

> O exercício da autoridade legal está relacionado com o cargo ocupado pelo funcionário, o que implica em sua subordinação a uma ordem impessoal para a qual orienta suas ações, enquanto funcionário. Um presidente eleito, embora não sendo funcionário na acepção weberiana, está sujeito a esta mesma ordem;
> Como corolário da impessoalidade, que reveste o exercício da autoridade legal, os membros da organização só devem obediência à autoridade enquanto investida no cargo e no desempenho das respectivas funções. Isto significa que a obediência não é devida ao indivíduo, mas ao cargo ocupado, que representa uma posição de autoridade com limites legalmente definidos. Em última análise, o membro da organização obedece à lei (Oliveira, 1970, p. 48 e 49).

Veja-se, portanto, que na concepção teórica weberiana, há uma relevante preocupação de criação de um arquétipo de burocracia que seja capaz de garantir o exercício efetivo da autoridade racional-legal. É, noutras palavras, a lei em sentido material, genérica e abstrata, produto típico da modernidade, o fundamento de validade central que norteia não apenas a organização da Administração Pública, como a própria organização dos Estados Nacionais modernos. Conceitos tais como burocracia formal estruturada em uma autoridade racional-legal, dotada de impessoalidade e limitada por porções de competência funcional são indeléveis marcas e signos da modernidade.

Implicitamente, é o Direito que, na modernidade, não retira mais seu fundamento de uma autoridade metafísica superior, mas, sim, na lei (outra autoridade metafísica superior, porquanto, não raro, não representa a efetiva necessidade social), o elemento estruturante que organiza a burocracia moderna. O paradigma legal máximo orientador de condutas sociais e organizacionais não é mais um ser divino, um rei/autoridade dotados de atributos metafísicos ou qualquer outra alegoria do tipo, mas, sim, a lei ou, mais do que isso, uma Constituição escrita.

A Constituição é, nas palavras do sociólogo alemão Niklas Luhmann, uma aquisição evolutiva da modernidade. Já no início de seu clássico texto *A Constituição como Aquisição Evolutiva* (*Verfassung als evolutionäre Errungenschaft*) (s.d., n.p), Luhmann assevera que "nenhuma aquisição da civilização moderna é tanto o resultado de um planejamento intencional quanto as Constituições de que se dotaram os Estados modernos a partir do final do século XVIII". O Direito, na modernidade, adquire autonomia. Torna-se, ao lado de outros subsistemas sociais autônomos, sistema social próprio e autorreferente, fechado operativamente em um código binário que varia entre o lícito e o lícito:

> O sistema jurídico limita-se a produzir, antes de tudo, a distinção, para sustentar a sua orientação em direção à própria

> unidade (direito é direito), mediante a orientação para o código binário direito/não-direito (positivo/negativo) do sistema; código que vincula cada operação entre o direito e o não-direito.
>
> Nesse contexto, não se coloca de fato não apenas a questão da validade do código, que não é uma norma, mas tampouco a questão do fundamento de validade do próprio código. O sistema jurídico faz outra coisa senão desenvolver a sua função de distinguir mediante contínuas operações o direito do não-direito. A referência a esse código atribui a um tal sistema uma estrutura de comunicação. O eventual uso de um outro código não seria inadmissível, mas a operação deixaria de ser uma operação interna do sistema jurídico. [...] (Luhmann, s.d., n.p).

Como se nota, o Direito, enquanto subsistema autônomo da modernidade, pela via da comunicação ou do agir comunicativo, "faz outra coisa senão desenvolver a sua função de distinguir mediante contínuas operações o direito do não-direito" (Luhmann, s.d., n.p). "Na positivação global do direito expressa-se efetivamente, no entanto, a independência e a autodeterminação do sistema", anota Luhmann (s.d., n.p). Em outra passagem, o sociólogo complementa sua descrição do Direito moderno enquanto subsistema social autônomo:

> Da perspectiva do sistema jurídico, a condição à qual assim se reage pode ser também definida como positivação do direito. Com efeito, positividade não significa senão que o direito só possa ser criado pelo próprio direito e não *ab extra* pela natureza ou pela vontade política. Em outros termos, o termo positividade não faz mais do que expressar em uma linguagem datada à autodeterminação operativa do direito e não, como se afirma frequentemente, a fundação da validade do direito através de um ato de arbítrio político. Dito de outro modo, se se objetiva conhecer o direito vigente é o direito e não a política que se deve observar (Luhmann, s.d. n.p).

Veja-se, portanto, que, na modernidade, o Direito é só reputado como tal porque, sob um prisma jurídico-positivo assim se autodetermina, Direito, mediante seu código binário próprio (lícito/ilícito), expele e reconhece aquilo que foge ao seu sistema próprio, autopoiético. Na acepção luhmanniana, é a própria positivação legal do Direito que permite a sua autoqualificação. Todavia, Luhmann faz uma relevante distinção entre o Direito Constitucional e o Direito Positivo de um modo mais amplo. Para Luhmann (s.d., n.p), "o direito é, portanto, a unidade da diferença de dois tipos de texto: o direito constitucional e o outro direito". Ele destaca, ainda que:

> Do ponto de vista jurídico, justifica-se, então, individuar a novidade do conceito de Constituição criado pela revolução na positividade de uma lei que funda todo o direito, e até a legislação e o governo. A Constituição é assim a forma mediante a qual o sistema jurídico reage à sua própria autonomia. Em outros termos, a Constituição deve deslocar (rimpiazzare) aqueles sustentáculos externos que haviam sido postulados pelo jusnaturalismo. Ela substitui quer o direito natural em sua versão cosmológica mais tradicional, quer o direito racional com o seu concentrado de teoria transcendental que se autorrefere a uma razão que julga a si própria. No lugar dessa última, sub-entra um texto parcialmente autológico. Isso é, a Constituição fecha o sistema jurídico ao discipliná-lo como um âmbito no qual ela, por sua vez, reaparece. Ela constitui o sistema jurídico como sistema fechado mediante o seu reingresso no sistema. (Luhmann, s.d., n.p).

É a Constituição, no limite, o elemento-chave que permite, simultaneamente, o Direito se tornar autônomo ao se fechar operativamente para, por meio de sua positividade, autoafirmar-se como Direito. Paradoxalmente, se a Constituição é o elemento central no modelo teórico luhmanniano que garante a autonomia do Direito e permite o subsistema se fechar operativamente, é ela, Constituição, a responsável por abrir o Direito às complexidades sociais de outros subsistemas (política, economia etc.) e absorvê-las.

Absorvê-las não como política, economia ou qualquer outra matéria oriunda de outro subsistema social, mas, sim, como Direito. É dizer, o Direito, por meio da Constituição, *juridiciza*, se se permite o neologismo, uma circunstância de outro subsistema jurídico, convertendo a questão em Direito. A abertura do Direito a outros subsistemas nada mais é, em termos simples, do que uma redução e absorção de complexidade de outros sistemas. O fechamento do Direito, por outro lado, garante a própria autonomia do Direito.

Vale lembrar que o próprio Luhmann (s.d., n.p) afirma que "o eventual uso de um outro código não seria inadmissível, mas a operação deixaria de ser uma operação interna do sistema jurídico [...]". É dizer, o eventual uso de um outro código operativo de outro subsistema social no bojo do subsistema do Direito é possível, mas, todavia, a partir do momento que se utiliza outro código no âmbito do subsistema do Direito, o subsistema do Direito deixa de ser Direito para ganhar outra feição. Isso porque, quando o Direito absorve complexidade de outros subsistemas, o reproduz internamente como lícito/ilícito, e o traduz em sua linguagem própria. O mundo contemporâneo, com a hipercomplexidade de suas relações, nos joga ao que Luhmann definia como corrupção sistêmica.

Neste aspecto, a professora Sandra Regina Martini e o professor André Santos Chaves, em artigo específico denominado *Necessidade de Confiança na Jurisdição Constitucional para Efetivação do Direito à Saúde* (2018, p. 79), anotam que: "a atual complexidade da sociedade faz com que seja necessária a existência de sistemas sociais, ou subsistemas sociais, capazes de absorver a complexidade por meio de um código próprio (fechamento operativo)". E complementam aduzindo o seguinte:

> Não obstante os sistemas serem fechados operativamente, há necessidade de que se mantenham abertos (abertura cognitiva) por meio de estruturas que permitam o "ruído do entorno" (complexidade) seja absorvido com o código próprio de cada sistema, essas estruturas são responsáveis por manter os sistemas sociais em constante deriva estrutural, nas palavras de Maturana e Valera (2011), ou seja, ligados, porém separados (Martini; Chaves, 2018, p. 78).

São nessas ligações e separações, abertura e fechamento operativo constante entre o sistema do Direito e outros subsistemas sociais, que a complexidade das sociedades modernas é absorvida e as expectativas normativas são acomodadas, segundo o modelo teórico-explicativo de Niklas Luhmann. Por qual motivo, então, a Constituição, como se disse no início deste tópico, seria uma aquisição evolutiva da modernidade? Justamente porque a Constituição é o *acoplamento estrutural* entre o subsistema da política e o subsistema do Direito, nos dizeres de Sandra Regina Martini e André Santos Chaves (2018), "a Constituição é a estrutura que permite conectar e separar os sistemas do direito e da política, uma vez que é considerada uma aquisição evolutiva (...) da modernidade atual".

É a Constituição, portanto, por suas regras e arquiteturas regulatórias de distribuições de competência, que conforma e limita o agir político. O que significa dizer que, na modernidade, no império da lei e do Estado de Direito, o agir político só se legitima enquanto tal se estiver em sintonia e conforme as prescrições normativas do Direito e, sobretudo, da Constituição. Noutras palavras, é o poder constituinte originário, de natureza política, que cria uma Constituição jurídica, mas é, também e paradoxalmente, uma Constituição jurídica que constitui um Estado e limita formalmente o agir político do Estado. "A Constituição é responsável por fazer com que o sistema do direito suporte a positivação de valores e princípios e é responsável por fazer com que o sistema da política suporte a inclusão de direitos nos valores e princípios", anotaram uma vez mais os professores Sandra Regina Martini e André Santos Chaves (2018, p. 80).

Eis, portanto, a principal aquisição evolutiva da modernidade: o advento do constitucionalismo, erigido em período histórico de Revoluções Liberais dos séculos XVIII e XIX, fundante da própria ideia e conceito de Estado de Direito e, sobretudo, de limitação jurídica de poderes políticos em respeito a direitos individuais (*v.g.* propriedade privada).

Agora, especialmente a partir da cristalização dos ideais revolucionários que permearam a Revolução Francesa de 1789-1799, marco que colocou termo[5] ao dito Antigo Regime, não é mais o poder absoluto de um monarca que detém o monopólio exclusivo do uso da força que tem o poder de dizer o Direito que rege as sociedades modernas. É o Direito, mediante seu código jurídico binário do lícito/ilícito, ou do constitucional/inconstitucional, que afirma o seu próprio conteúdo e assegura a sua autonomia sistêmica frente aos demais subsistemas sociais:

> Os tribunais surgem, nesse contexto, como uma diferenciação necessária a ponto de garantir um procedimento diferente para se tomar decisões judiciais e um procedimento

5 Apesar dessa redução de complexidade, não se desconhece que os elementos constitutivos do Antigo Regime ainda perduraram em estruturas temporais de longa duração que estão enraizadas, entre nós, em práticas sociais. Para mais, ver: HESPANHA, Antonio Manuel. *Cultura Jurídica Europeia – Síntese de um Milênio.* Ed: Almedina, 1997.

> diferente para se tomar decisões não judiciais. Para a política, o Parlamento. Para o Direito, os Tribunais. Muito embora, é bem verdade, a política produz o Direito e o Direito, nos Tribunais, controle a Política. (Martini; Chaves, 2018, p. 80).

Luhmann (1983, p. 57), neste específico aspecto, pontua que:

> [...] as normas são expectativas de comportamento estabilizadas em termos contrafáticos. Se sentido implica na incondicionabilidade da sua vigência na medida em que a vigência é experimentada, e, portanto, também institucionalizada, independentemente da satisfação fática ou não da norma.

Quanto a essa passagem, Jadson Correia de Oliveira e Danilma Melo da Silva (2020, p. 186) asseveram que: "ao direito é confiada a função de estabilizar as expectativas normativas, significando, portanto, que nesse emaranhado de expectativas de expectativas, o sistema jurídico visa reduzir a complexidade social. Assim, nessa seara, a normatização e a institucionalização se apresentam como institutos relevantes para que as expectativas se estabilizem".

Em *O direito da sociedade* (2019), Niklas Luhmann examina a posição dos Tribunais no âmbito do subsistema do Direito em razão da essencialidade destes não apenas para a garantia da própria autonomia do Direito enquanto sistema autorreferencial (ou autopoiético) que se autoafirma a partir dos códigos binários do lícito/ilícito, mas também para que estes assegurem as expectativas normativas em torno de pretensões aos direitos em um ambiente social dotado de complexidade. Novamente, Jadson Correia de Oliveira e Danilma Melo da Silva (2020, p. 192) assentam, quanto a esta específica situação, que "em razão dessas estruturas complexas, principalmente do direito constitucional, que se revela como um subsistema, os tribunais ocupam uma posição relevante para estabilização do direito". Cabe, então, em última análise, aos Tribunais dizerem o que é o Direito e garantir a sua autonomia. É, portanto, dos Tribunais a incomum tarefa de realização da jurisdição (*juris* – direito // *dictio* – dizer) e de afirmar o Direito. O monopólio do uso da força na aplicação da lei e da Constituição (*enforce to law*) é, sob outro ângulo de análise, do Estado-Juiz.

Já Ricardo Augusto Herzl (2015, p. 90) anota que "para Luhmann somente os tribunais, ao decidirem as demandas, podem gerir o paradoxo do sistema processual – proibindo a negação da justiça --, transformar o incerto em certo, a obrigação em liberdade", e continua:

> Sendo assim, ao realizar a atividade decisória eles trabalham com a perspectiva temporal e material de fechamento do sistema, de ciclo operante entre passado e futuro, determinante para a interrupção e restauração do direito, posto que "ao decidir um caso em concreto, rompe-se com o passado (a lei): os tribunais reconstroem o passado e transformam-no no presente (decisões)" (Herzl, 2015, p. 90).

Por outro lado, Jadson Correia de Oliveira e Danilma Melo da Silva pontuam que:

> Ao mesmo tempo que julga e cria o direito, a decisão judicial gera mais complexidade no interior do sistema jurídico. Numa análise temporal os tribunais operam, ao mesmo tempo, com o passado, o presente e o futuro, uma vez que, suas decisões precisam decidir algo no presente, mas que tem vasta conexão com o passado e determinando o *modus operandi* para as questões futuras, mesmo que ainda no plano abstrato (Oliveira; Silva, 2020, p. 193).

Veja-se, portanto, que para Luhmann (s.d.) "à positivação da legislação segue-se a formação da unidade da jurisdição sem a qual esse processo [de autonomia do Direito] não teria tido sentido". É o Estado Jurisdição, nomeadamente os Tribunais, as instituições responsáveis por assegurar a autonomia, a unidade e autorreprodução do Direito enquanto subsistema capaz de acomodar expectativas normativas. Dito de outro modo, o Estado é, na modernidade, o *locus* privilegiado de um longo processo histórico na forma de resolução de conflitos.

Nesse sentido, ao examinarem a trajetória histórica dos meios de resolução de conflitos, os Professores Marco Antonio Rodrigues e Maurício Tamer (2021, p. 44) diagnosticam que "o que se observa é a evolução dos sistemas de solução de conflitos rumo à prevalência nítida da jurisdição estatal, protagonismo esse, aliás, que teve como marco fundamental a consolidação do Estado de Direito e da teoria da tripartição dos poderes, notadamente por definirem o Poder Judiciário como um poder independente".

Nessa mesma orientação, Cândido Rangel Dinamarco, em seu clássico *Instituições de Direito Processual Civil* (2013, p. 315), assevera o seguinte:

> Tal é a jurisdição, função exercida pelo Estado através de agentes adequados (os juízes), com vista à solução imperativa de conflitos interindividuais ou supraindividuais e aos demais escopos do sistema processual [...]. Conceitua-se a jurisdição, a partir dessas premissas, como *função do Estado destinada à solução imperativa de conflitos e exercida mediante a atuação da vontade do direito em casos concretos.* Faltar em solução imperativa é pressupor a presença do poder estatal. O Estado persegue os objetivos do processo com fundamento em sua própria capacidade de decidir imperativamente e impor decisões (definição de poder estatal, segundo a ciência política), sem a necessidade de anuência dos sujeitos.

E complementa o professor Cândido Rangel Dinamarco tecendo a seguinte consideração a propósito da concentração de poder no Estado e na jurisdição dos Tribunais para estabilizar expectativas normativas:

> A situação destes, perante o Estado que exerce a jurisdição, é de sujeição – conceituada esta como impossibilidade de evitar os atos alheios ou furta-se à sua eficácia [...]. Consequência direta e óbvia da inserção da jurisdição no campo do poder estatal é sua inevitabilidade, que outra coisa não é senão a *inevitabilidade* do próprio Estado ou do poder estatal como um todo, proclamada pela ciência política. O poder estatal não é exercido na medida em que o desejem ou aceitem os particulares, mas segundo os desígnios e decisões do próprio Estado, expressos pelos agentes regularmente investidos. A relação de *autoridade e sujeição*, existente entre o Estado e os particulares, é o fator legitimante da inevitabilidade do poder estatal e de seu exercício. (Dinamarco, 2013, p. 318).

Eis aqui um conceito central que traduz toda a ideia da modernidade de concentração de poder estatal na figura institucional dos Tribunais, responsáveis por garantir, mediante o monopólio da força, a autonomia do Direito positivo: *inevitabilidade* da jurisdição, traduzida, pela doutrina processual brasileira aqui ilustrada por Cândido Rangel Dinamarco (2013, p. 318), na ideia de "inevitabilidade do próprio Estado ou do poder estatal como um todo" na resolução de conflitos.

A ilustrar, ainda, que é unânime na doutrina processual brasileira que, a partir da modernidade, o Estado centralizou, sob o mito alegórico de sua própria inevitabilidade como conditio *sine qua non* para assegurar a autonomia do Direito, a função de estabilizar expectativas normativas, veja-se abaixo, respectivamente, as lições de José Frederico Marques e Luiz Fux a esse respeito:

> Essa função de julgar a lide ou pretensão, dando a cada um o que é seu, constitui a jurisdição. No Estado moderno, ela é atribuída a órgãos do poder público [...] e figura, na doutrina tradicional, ao lado da legislação e da administração, como uma das funções fundamentais da vida estatal. (Marques, 2000, p. 257).
>
> O Estado, como garantidor da paz social, avocou para si a solução monopolizada dos conflitos intersubjetivos pela transgressão à ordem jurídica, limitando o âmbito da autotutela. Em consequência, dotou um de seus poderes, o Judiciário, da atribuição de solucionar os conflitos mediante a aplicação do direito objetivo, abstratamente concebido, ao caso concreto. (Fux, 2014, p. 41).

É o Estado, portanto, o produtor (Legislativo) e o pacificador (Judiciário), pela via da decisão judicial proferida verticalmente, de cima para baixo, em um modelo *top down*, por Tribunais dotados de soberania estatal, o responsável por excelência por assegurar a autonomia e a autorreprodução autopoiética do Direito. Na modernidade, como se viu, a soberania é ressignificada não apenas em sua semântica, mas em sua ontologia existencial. Da figura pessoal do rei soberano, passa-se à soberania impessoal da positividade autorreferente do Direito. Agora, em tal quadra histórica, o fundamento de validade do Direito não mais se assenta em fundamentos de ordem metafísica, mas, sim, na positividade do império da lei, cujo fundamento de validade é a lei e a própria Constituição, verdadeira aquisição evolutiva da modernidade (Fux, 2014).

Ao fim e ao cabo, é a positividade do Direito, traduzida na legalidade, garantida pela soberania dos Estados Nacionais que distribuem certa porção de sua soberania aos Tribunais, que assegura a autonomia do Direito mediante seu incomum e inevitável papel de exercer a *iuris dictio*.

1.1. A Jurisdição Constitucional em sua acepção clássica: a perspectiva kelseniana

Conquanto o Direito como um subsistema social dotado de autonomia própria em razão da sua autorreferência em torno do código lícito/ilícito e muito embora a ideia de Constituição como signo da aquisição evolutiva da modernidade remontem inicialmente aos séculos XVIII e XIX, a jurisdição constitucional e a criação de um Tribunal Constitucional, como guardião máximo da positividade da lei, do Direito e da Constituição, surgiram apenas tempos mais tarde na Europa no final do século XIX e início do século XX, mas se consolidou efetivamente apenas após a Segunda Guerra mundial (Luhmann, s.d.).

Os primeiros tribunais constitucionais foram criados na Áustria e Checoslovaquia (em 1920) e na Alemanha (em 1949), muito em decorrência, é verdade, da mudança de paradigma do constitucionalismo do pós-guerra (1939-1945).

Hans Kelsen foi um dos principais teóricos a desenvolver a ideia de jurisdição constitucional e da criação de um tribunal constitucional independente. Em sua obra *Teoria Pura do Direito*, de 1934, Kelsen argumentou que a Constituição deve ser vista como a fonte de todo o direito e que os tribunais constitucionais devem ter o poder de revisar a constitucionalidade das leis e ações do governo. Afinal, não faria sentido conferir ao Legislativo ou Executivo, que são poderes legitimados por meio do voto, o dever de revisar seus próprios atos. Seria necessário que, à luz da divisão dos poderes, um terceiro poder se encarregasse disso. Kelsen (2003, p. 123) assinala o seguinte:

> Caso se deva mesmo criar uma instituição através da qual seja controlada a conformidade à Constituição de certos atos do Estado – particularmente do Parlamento e do governo -, tal controle não deve ser confiado a um dos órgãos cujos atos

devem ser controlados. A função política da Constituição é estabelecer limites jurídicos ao exercício do poder. Garantia da Constituição significa a segurança a segurança de que tais limites não serão ultrapassados.

Coube, então, aos Tribunais Constitucionais promover, no concerto jurídico-político da separação de poderes do Estado de Direito, a garantia jurisdicional da Constituição. Uma vez mais, Kelsen (2003, p. 124) assevera que "a garantia jurisdicional da Constituição – a jurisdição constitucional – é um elemento do sistema de medidas técnicas que têm por fim garantir o exercício regular das funções estatais".

À jurisdição constitucional, portanto, a peculiar missão institucional, via "revisão judicial" (*judicial review*), de fazer valer a força normativa da Constituição. Todavia, o desenho procedimental da revisão judicial pensado no modelo clássico de jurisdição constitucional kelseniano se dava a partir de uma relação entre Constituição e texto normativo. Tanto assim o é, que o elemento técnico-jurídico essencial para que a jurisdição constitucional seja capaz de concretizar o princípio da *máxima legalidade da função estatal*[6], é sua capacidade de declarar a nulidade de leis incompatíveis formal ou materialmente com o texto constitucional de uma dada ordem. É o que se vê muito claramente na seguinte passagem do clássico *Jurisdição Constitucional* (2013, p. 170):

> a) Resulta de nossas explicações precedentes que, se quisermos que a Constituição seja garantida com eficácia, é necessário que o ato submetido ao controle do tribunal constitucional seja diretamente anulado por decisão própria, se

6 Princípio da máxima legalidade da função estatal, segundo Hans Kelsen, significa "a busca político-jurídica por garantias da Constituição, ou seja, por instituições através das quais seja controlada a constitucionalidade do comportamento de certos órgãos de Estado que lhe são diretamente subordinados, como o parlamento ou o governo, corresponde ao princípio, específico do Estado de Direito da máxima legalidade da função estatal" KELSEN, Hans. *Jurisdição Constitucional*. São Paulo: Martins Fontes, 2013, p. 239.

> considerado irregular. Essa decisão, mesmo se se referir a normas gerais – e é precisamente esse o caso principal –, deve ter força anulatória.

Mais precisamente, é um pressuposto ontológico de eficácia normativa da Constituição que as Cortes Constitucionais sejam capazes de anular decisões de outros poderes. Essa é a essência da compreensão hermenêutica de Hans Kelsen no início dos anos 1920: são as Supremas Cortes que imprimem, institucionalmente, o *enforcement* necessário à supremacia da Constituição. Fato é que a relação de constitucionalidade pensada à época se dava exclusivamente sobre um prisma relacional entre *texto* e *texto*, isto é, entre Constituição e lei. Mesmo quando Kelsen (2013, p. 156) enuncia que "a competência da jurisdição constitucional não deve se limitar ao controle da constitucionalidade das leis", assim o faz meramente para afirmar que o controle de adequação à Constituição, feito pelas Supremas Cortes, não se limita às leis propriamente ditas, mas se estende também a outros atos normativos que importam, de algum modo e ainda que indiretamente, em violação aos comandos normativos contidos na Constituição, de modo que a relação de constitucionalidade é entre texto e texto.

O paradoxo que se coloca é se em tal modelo é o papel contramajoritário das Cortes Constitucionais de anular leis e atos normativos derivados de outros poderes de Estado que não importem em violação à soberania popular das maiorias políticas manifestadas no Parlamento e no Executivo por meio do voto democrático. E, para Kelsen (2013, p. 152), a resposta a essa indagação é flagrantemente negativa: "a instituição da jurisdição constitucional não se acha de forma alguma em contradição com o princípio da separação de poderes; ao contrário, é uma afirmação dele". O papel contramajoritário da jurisdição constitucional de anular decisões dos demais poderes, constituídos democraticamente pelo voto, é uma afirmação do princípio da separação de poderes precisamente porque é exercido com parcimônia, com "minimalismo judicial" (*judicial self restraint*). Afinal, sob essa concepção kelseniana de revisão judicial dos atos dos demais poderes, o juiz constitucional atua como verdadeiro legislador negativo.

Sua função é, em essência, meramente verificar a compatibilidade de atos normativos com o conjunto normativo da Constituição e extirpar da ordem jurídica aquelas normas, na forma e no conteúdo, contrárias à Constituição. No limite, para Kelsen, a função dos juízes constitucionais é de meramente aplicar a Constituição:

> A anulação de uma lei se produz essencialmente como aplicação das normas da Constituição. A livre criação que caracteriza a legislação está aqui quase completamente ausente. Enquanto o legislador só está preso pela Constituição no que concerne a seu procedimento – e, de forma totalmente excepcional, no que concerne ao conteúdo das leis que deve editar, e mesmo assim, apenas por princípios ou diretivas gerais a atividade do legislador negativo, dajurisdição constitucional, é absolutamente determinada pela Constituição. E é precisamente nisso que sua função se parece com a de qualquer outro tribunal em geral: ela é principalmente aplicação e somente em pequena medida criação do direito. É, por conseguinte, efetivamente jurisdicional. Portanto os mesmos princípios essenciais que presidem sua constituição são válidos para a organização dos tribunais ou dos órgãos executivos (Kelsen, 2013, p. 153)

Note-se, neste particular, que por trás da noção de que a jurisdição constitucional exerce uma função de "legislador negativo" – porque não inova criativamente na ordem jurídica, já que está é uma competência típica do Poder

Legislativo – há uma premissa hermenêutica subjacente. Mais precisamente, a atividade do juiz constitucional é de meramente aplicar a Constituição ou, noutros termos, de realizar um juízo de compatibilidade entre a Constituição e demais atos normativos estatais por um ato de interpretação quase "mecânico" e desprovido de atividade criativa. Em tal ponto, o próprio Kelsen já entendia que o mecanismo de controle de leis e atos por ele idealizado assumiria inegável caráter político, em muito semelhante ao do próprio legislador:

> Do ponto de vista teórico, a diferença entre um tribunal constitucional com competência para cassar leis e um tribunal civil, criminal ou administrativo normal é que, embora sendo ambos aplicadores e produtores do direito, o segundo produz apenas normas individuais, enquanto o primeiro, ao aplicar a Constituição a um suporte fático de produção legislativa, não produz, mas elimina uma norma geral, instituindo assim o *actus contraris* correspondente à produção jurídica, ou seja, atuando como formulei anteriormente – como *legislador negativo* (Kelsen, 2013, p. 263, nota 50).

Eis, portanto, as premissas sobre as quais repousa o arquétipo da tradicional função contramajoritária da jurisdição constitucional: a anulação de leis incompatíveis com a Constituição por Cortes Constitucionais. Ao invés de mitigar o conteúdo jurídico do princípio da soberania popular, a função contramajoritária da jurisdição constitucional o reforçaria, justamente na medida em que o garantiria, isto é, mediante a aplicação do Direito, revelando, portanto, a supremacia da Constituição. Esse conceito, como será mais adiante demonstrado, passa por uma profunda transformação e contestação, naquilo que John Hart, em sua obra *Democracia e Desconfiança* define como o embate entre "interpretacionistas" e "não interpretacionistas":

> Há indícios de que o interpretacionismo esteja passando por um período de relativo apelo popular. Há várias razões para acreditar nisso. A primeira *é que a controversa decisão de 1973 sobre o aborto, Roe vs Wade,* foi o exemplo mais claro de "raciocínio" não interpretacionista por parte da corte em quatro décadas: ela obrigou todos nós, juristas, a refletir sobre qual lado esposamos na questão, e isso fez com que um certo número de pessoas hoje em dia se definam como interpretacionistas, pessoas que antes *não haviam dado muita atenção a esse problema. A segunda* razão pode ser que, apesar de Roe, a Corte do juiz Burger é, em geral, uma Corte politicamente mais conservadora – ou, pelo menos, mas conservadora que a anterior. (Hart, 2010, p. 5).

1.2. A querela Kelsen versus Schmitt como o germe do debate contemporâneo a respeito da legitimidade para a guarda da Constituição: "Quem é o guardião da Constituição?" O Dilema do mundo contemporâneo

Com efeito, trazer aqui o debate histórico entre Kelsen e Schmitt não é o de rememorar o que já foi dito, escrito e citado em múltiplos artigos e livros. Ao contrário. A questão é de saber se o objeto da polêmica, de a quem caberia a guarda Constituição, ainda é válida nos dias de hoje, já que tanto o Congresso Nacional (Schimitt) quanto a Suprema Corte (Kelsen) não conseguem dar respostas efetivas às novas demandas sociais, pela rapidez com que surgem.

Erigida na modernidade à condição de paradigma normativo máximo ou mesmo como uma aquisição evolutiva da modernidade, na acepção de Niklas Luhmann, as Constituições formais surgiram, como se afirmou alhures, como o signo do constitucionalismo moderno – ou "movimento constitucional moderno", nas palavras do professor J.J. Gomes Canotilho (2002, p.51-52).

Paralelamente ao desenvolvimento do Estado de Direito, isto é, ao estado de submissão do soberano aos imperativos da lei e, sobretudo, à Constituição, exsurge a seguinte indagação: quem e qual instituição detém maior e/ou melhor legitimidade para a custódia da Constituição?

Consoante apontam Bruno Cláudio Penna Amorim Pereira e José Alfredo de Oliveira Baracho Júnior (2019, p. 322):

> [...] defesa da Constituição está, pois, atrelada à existência de uma instituição ou órgão incumbido da realização e efetivação de tal tarefa. A responsabilidade orgânica pela guarda da Constituição é historicamente atribuída a instituições tanto de natureza política quanto judicial (ou jurisdicional), ou de ambas.

Neste particular, e, pela importância ao tema aqui desenvolvido, de exercício do controle constitucional, é imperativo relembrar um dos mais intrigantes debates travados no início do século XX, na história do constitucionalismo, a respeito da natureza política ou jurídica, ou melhor, da legitimidade para a guarda da Constituição, deu-se entre Carl Schmitt e Hans Kelsen. Essencialmente, como assevera Dieter Grimm (2023, p. 80), "Schmitt recusava-se a entregar para o Judiciário as decisões políticas, ao passo que Kelsen não aceitava que o cumprimento da Constituição se desse ao bel-prazer da Política: nisso residia a controvérsia estabelecida entre esses antípodas, cada um com sua razão".

De um lado, a partir das perspectivas sociais existentes na Constituição de Weimar de 1919, Carl Schmitt, em essência, compreendia que a Constituição deveria ser tutelada mediante um sistema de controle *político* de constitucionalidade das leis, de responsabilidade do Chefe do Poder Executivo (*v.g* presidente do Reich). É dizer, para Carl Schmitt, cabia ao Chefe do Estado, na qualidade de representante da unidade do povo – alemão –, guardar a Constituição. É o poder que cria o Direito e, sobretudo, sobre ele prepondera. A legitimidade desse poder político, centralizado na figura do soberano, decorre precisamente da compreensão de que ele concentra a vontade política mais profunda que uniria toda a comunidade política. Daí ter Ronaldo Porto Macedo Júnior (2011, p. 205) anotado que "soberanas não são as regras do jogo; soberano é quem estabelece o início do jogo jurídico".

Pedro da Silva Moreira (2013, p. 37), em *O Supremo Tribunal Federal entre Schmitt e Kelsen: o guardião da Constituição no julgamento da "Ficha Limpa"* assevera que "Carl Schmitt não crê no caráter jurisdicional de um Tribunal Constitucional", e complementa:

> Para ele, o que se decide nessa esfera não pode ser qualificado de jurídico; ou seja, o que emana da Corte não é uma decisão em sentido técnico-jurídico, mas em sentido estritamente político. (Moreira, 2013, p. 37).

Para Carl Schmitt (2009), a operação cognitiva entre a aplicação da norma ao fato envolve certo juízo subjetivo do julgador, calcado nas suas preferências políticas, especialmente se a norma for dotada em alto grau de generalidade e abstração. O processo de subsunção do fato à norma, notadamente quando esta norma tem a abertura de um princípio, torna-se mais dificultoso. Eis a razão pela qual, para Schmitt, não existiria uma jurisdição constitucional "pura", centrada em um padrão decisório meramente normativo, cuja missão institucional fosse tão somente fundada no exercício de um juízo meramente jurídico de questões essencialmente constitucionais.

Em comento, o professor Gilmar Ferreira Mendes, na apresentação de *Jurisdição Constitucional e Democracia* (2023, p. p. 22), obra que reúne, em língua portuguesa, uma coletânea de ensaios de Dieter Grimm, pontua que a teoria de

Carl Schmitt "se orienta pelo propósito de abrir caminho para a instalação de uma democracia identitária cujo funcionamento pressupõe a eliminação de qualquer corpo intermediário que se colocasse entre o líder e a massa", e destaca ainda que:

> As observações de Dieter Grimm asseguram que se está diante de mais uma das célebres inversões schmittianas: acusa-se o Tribunal Constitucional de ser uma "instância de alta política" exatamente para que a Política possa operar sem qualquer observância às prescrições normativas impostas pelo Direito (Mendes, 2022, p. 22).

Assim, a grande preocupação de Carl Schmitt não era apenas com a judicialização da política, mas, sobretudo, com a politização da justiça. Afinal, a arena política seria transplantada para o campo jurídico, esfera que poderia ser captada por quem estivesse no poder. "*La Expansión de la Justicia a una materia que acaso no es ya justiciable, sólo perjuicios pueden derivarse para el poder judicial*" (Schmitt, 2009, p. 41).

A soberania do Chefe do Executivo, então, estaria em xeque, porquanto se o soberano, para Carl Schmitt, deveria, em sua concepção teórica, ser o presidente do Reich, a soberania entregue aos destinos de juízes dotados de escolhas políticas próprias estaria potencialmente desvirtuada. Ter-se-ia, claro, entrave institucional entre o líder e as massas. Mais do que a soberania estar entregue ao exercício de uma instituição política diversa do Chefe do Poder Executivo, a própria Constituição seria violada quando concebida como um instrumento meramente normativo. É que, para Carl Schmitt, a Constituição é uma decisão política fundamental da comunidade. E, sendo o presidente do Reich o detentor maior da soberania, a decisão política fundamental da comunidade de aplicar a Constituição "não poderia estar nas mãos de um tribunal, mas de uma instância que detém a última palavra em termos de política: o Chefe de Estado" (Moreira, 2013, p. 38).

Daí, se atribuir a Carl Schmitt a autoria de uma teoria de cariz decisionista em torno da aplicação da Constituição. Enfim, fato é que por trás da construção teórica de Schmitt, no contexto da Constituição – social – de Weimar de 1919, estava enraizada uma (pré-) compreensão crítica ao paradigma do Estado Liberal:

> A construção teórica de Schmitt, relativamente à defesa da Constituição, objetiva, primordialmente, repudiar a solução apresentada pela doutrina constitucional liberal, a qual, diante da falta de legitimidade do paradigma do Estado Liberal de Direito, desenvolveu, de acordo com a proposição de Kelsen, um modelo de justiça constitucional – implantado originariamente na Constituição austríaca de 1920 -, cuja função de guarda da Constituição foi atribuída ao Tribunal Constitucional (Pereira; Baracho, 2019, p. 323).

Se, por um lado, Carl Schmitt nutre profunda desconfiança com o modelo de jurisdição constitucional meramente normativo porque, para ele, a atividade jurisdicional é inegavelmente política, de outro, diametralmente oposto, Hans Kelsen, influenciado pelas ideias da Teoria Geral do Estado de Jellinek, entendia que a jurisdição constitucional seria a melhor e mais autorizada instituição a funcionar como guardiã da Constituição. É que a Constituição, "para Hans Kelsen, é norma. Não se trata, portanto, de decisão meramente política" (Moreira, 2013, p. 39). Tal norma (*rectius*: Constituição), empresta validade a todas as demais normas de hierarquia inferiores, que a ela se submetem. Já a Constituição, no topo da hierarquia, retiraria seu fundamento de validade de uma norma hipotética fundamental pressuposta. Neste particular, Kelsen (2007, p. 76) "a validade de uma ordem jurídica positiva é independente de sua concordância ou discordância com qualquer sistema moral".

Exsurge, então, a necessidade do controle de constitucionalidade de normas como um mecanismo formal pelo qual um Tribunal Constitucional pode tecer a necessária correspondência entre a norma infraconstitucional questionada e aquela que se constitui em seu fundamento de validade.

O papel da jurisdição constitucional, portanto, seria o de garantir a máxima eficácia da Constituição, assim compreendida enquanto uma norma desprovida, descritiva e normativamente, de subjetivismos de natureza decisionista de um agente político que concentraria e representaria a soberania estatal.

Ao desenhar teoricamente um modelo de teoria pura do Direito, no qual caberia a jurisdição constitucional o exercício da função de repelir, com lastro em um juízo meramente jurídico, normas e atos normativos hierarquicamente inferiores à Constituição naquilo que formal ou materialmente com ela conflitar, Hans Kelsen (2013, p. 251) não ignorou o fato de que as decisões tomadas por um Tribunal Constitucional também gozam de certo viés político. Para Kelsen, "o caráter político da jurisdição é tanto mais forte quanto mais amplo for o poder discricionário que a legislação, generalizante por sua própria natureza, lhe deve necessariamente ceder". Isto quer dizer, portanto, que a discricionariedade judicial depende do modo e da forma como o legislador condiciona, *ex ante*, o conjunto normativo que servirá de apoio decisório ao julgador.

Como se verá em maiores detalhes no tópico subsequente, para Kelsen, além de assegurar a normatividade da Constituição, caberia à jurisdição constitucional limitar, normativamente, o exercício do poder político, condicionando-o aos seus preceitos fundamentais e fundantes de toda a ordem jurídica positiva. É desse sutil e, talvez, paradoxal equilíbrio, que muito se alude à crise da jurisdição constitucional, e, mesmo, ao surgimento do denominado ativismo judicial.

Independentemente dos pontos específicos do desenho teórico de uma e de outra teoria a respeito da concepção de Constituição, do exercício da soberania estatal e das funções da jurisdição constitucional, o debate de posições entre Carl Schmitt e Hanks Kelsen parece trazer, ao debate constitucional contemporâneo, alguns subsídios para uma adequada compreensão do diagnóstico do problema da legitimidade democrática enfrentada pelas Supremas Cortes, especialmente pelo Supremo Tribunal Federal. Afinal, se o modelo de jurisdição constitucional normativista de Hans Kelsen preponderou, com temperamentos próprios, não apenas no Brasil, como em boa parte das democracias ocidentais, também é verdade que "isso não significa que a fonte da jurisdição constitucional deriva da Teoria Pura do Direito" (Grimm, 2023, p. 81).

É que, após os horrores da Segunda Guerra Mundial (1939-1945), os direitos fundamentais, ontologicamente calibrados à luz da dignidade da pessoa humana, foram alçados à condição de princípios vistos constitucionalmente à condição de norma. Direitos fundamentais principiológicos, cuja normatividade é aberta e abstrata, reclamam uma jurisdição constitucional altiva que afirme o Direito em face do Estado e, sobretudo, que imprima seu significado em cada situação concretamente considerada.

Coube, portanto, aos Tribunais Constitucionais, a missão de salvaguardar os direitos fundamentais e velar pela inteireza semântica dos princípios constitucionais mediante o influxo procedimental do controle de constitucionalidade. E, neste preciso aspecto, "Schmitt e Kelsen são de pouca ajuda aqui" (Grimm, 2023, p. 81) na definição contemporânea a respeito da natureza do controle de constitucionalidade, se jurídico ou político. Pois, embora Hans Kelsen e Carl Schmitt tenham plantado, de alguma forma, o germe da tensão acerca de quem é a instituição mais legítima para tutelar a Constituição, ou mesmo os precursores da tensão entre Direito e Política, ou, sob outro aspecto, entre jurisdição constitucional e democracia, faltou-lhes à época um elemento fundamental que incrementa alto grau de complexidade ao problema contemporâneo da legitimidade dos Tribunais Constitucionais e da interpretação constitucional. Com efeito, a hermenêutica não era propriamente uma questão nas investigações teóricas de Carl Schmitt. Para Kelsen também não. Como anota Dieter Grimm (2023, p. 81):

> Kelsen, por sua vez, porque se assenta na premissa de que somente a margem de interpretação de uma norma pode ser determinada racionalmente, mas não o seu preenchimento concreto, realizado por uma decisão judicial, o que lhe impede de conseguir tecer uma mediação entre doutrina da interpretação, jurisdição constitucional e democracia.

1.3. A expansão da jurisdição constitucional e a concepção do Direito como conceito interpretativo

Da mensagem enviada pelo presidente Theodore Roosevelt ao Congresso Americano em 8 de dezembro de 1908, colhe-se a seguinte lição:

> os principais criadores do direito [...] podem ser, e frequentemente são, os juízes, pois representam a voz final da autoridade. Toda vez que interpretam um contrato, uma relação real ou as garantias do processo e da liberdade, emitem necessariamente no ordenamento jurídico partículas dum sistema de filosofia social; com essas interpretações, de fundamental importância, emprestam direção a toda atividade de criação do direito. As decisões dos tribunais sobre questões econômicas e sociais dependem de sua filosofia econômica e social, motivo pelo qual o progresso pacífico do nosso povo, no curso do século XX, dependerá em larga medida

> de que os juízes saibam fazer-se portadores duma moderna filosofia econômica e social, antes de que superada filosofia, por si mesma produto de condições econômicas superadas (Roosevelt apud Cappelletti, 1993, p. 134).

Veja-se, desde logo, que a fala enunciada pelo presidente norte-americano Theodore Roosevelt traz consigo um pressuposto hermenêutico absolutamente diverso daquele adotado por Hans Kelsen a respeito do papel das Cortes Constitucionais no exercício de sua função contramajoritária.

Para Kelsen, como se viu, os juízes constitucionais são espécies de legisladores negativos precisamente porque sua função, especialmente no tempo do paradigma do Estado Liberal de Direito, envolve pouca criatividade interpretativa. O papel das Cortes de invalidar normas de outros poderes para assegurar a supremacia da Constituição não reclama maiores digressões hermenêuticas por parte do juiz constitucional. O seguinte trecho, outrora transcrito, é elucidativo nesse sentido:

> A anulação de uma lei se produz essencialmente como aplicação das normas da Constituição. *A livre criação que caracteriza a legislação está aqui quase completamente ausente.* Enquanto o legislador só está preso pela Constituição no que concerne a seu procedimento – e, de forma totalmente excepcional, no que concerne ao conteúdo das leis que deve editar, e mesmo assim, apenas por princípios ou diretivas gerais a atividade do legislador negativo, dajurisdição constitucional, é absolutamente determinada pela Constituição (Kelsen, 2013, p. 153) (destacou-se).

O próprio Alexander Hamilton, no *Federalista 78*, afirma que o Judiciário, por certo, seria o de somenos no idealizado sistema de *checks and balances*, já que segundo o próprio:

> Não se pode dar nenhum peso à afirmação de que os tribunais podem, a pretexto de uma incompatibilidade, substituir

> as intenções constitucionais do legislativo por seus próprios desejos. Isso poderia acontecer tanto no caso de duas leis contraditórias como no caso de toda adjudicação sobre uma única lei; e, caso se dispusessem a exercer a *vontade* em vez do *julgamento*, isso levaria igualmente à substituição do desejo do corpo legislativo pelo seu próprio. Se essa observação provasse alguma coisa, seria que não deve haver nenhum juiz além do próprio legislativo. (Hamilton; Jay, 2021, p. 409)

Tratou-se até aqui de uma breve revisão teórica, até mesmo tímida, dada à complexidade das teias sociais e dos conflitos daí advindos, principalmente, em razão da transformação de paradigma, do surgimento do Estado Social de Direito em meados do século XX, do novo papel do juiz, da jurisdição constitucional e, sobretudo, da compreensão da função contramajoritária das Supremas Cortes, que sofreu significativas modificações.

A partir de então, passou-se a creditar à interpretação construtiva um fundamental papel no processo de compreensão e aplicação do Direito. Mauro Cappelletti, em *Juízes Legisladores?* (1993, p. 21) aponta que "especialmente no fim do século passado e no curso do nosso, vem se formando no mundo ocidental enorme literatura, em muitas línguas, sobre o conceito de interpretação". E complementa:

> O intento ou o resultado principal desta amplíssima discussão foi o de demonstrar que, com ou sem consciência do intérprete, certo grau de discricionariedade, e pois de criatividade, mostra-se inerente a toda interpretação, não só à interpretação do direito, mas também no concernente a todos outros produtos da civilização humana, como a literatura, a músicas, as artes visuais, a filosofia etc.(Cappelletti, 1993, p. 21).

No fundo, a observação de Mauro Cappelletti, consciente ou não, reflete o próprio movimento filosófico mais amplo que ocorria na primeira metade do século XX denominado giro linguístico. Consoante aponta Georges Abboud (2021, p. 240):

> A partir do giro linguístico, a linguagem passa a ocupar papel protagonista no processo cognitivo, funcionando como um médium do mundo. O estudo da língua, então, ganha maior relevância e, inclusive, torna-se o cerne dos trabalhos de uma corrente filosófica emergente (analítica).

A própria epistemologia e o modo de compreensão da estrutura do mundo são deslocados. Passa-se, de um movimento kantiano da relação sujeito *versus* objeto para um esquema intersubjetivo de conhecimento do tipo sujeito *versus* sujeito. Uma vez mais, Georges Abboud (2021, p. 240) assevera que:

> Não se trata mais de perguntar pela "essência" das coisas (no caso do conceito objetivista) ou tampouco por aquilo que o sujeito tem certeza que sabe (no caso do conceito subjetivista), mas, sim, indagar quais as condições de acesso ao universo simbólico e significativo produzido pela linguagem, que é intersubjetiva e inescapável.

O próprio Direito, muito influenciado pelo aludido giro linguístico (*linguist turn*), passou a ser visto como um conceito interpretativo em permanente construção. Para Ronald Dworkin (2003, p. 488 e 492):

> O direito é um conceito interpretativo. Os juízes devem decidir o que é o direito interpretando o modo usual como os outros juízes decidiram o que é direito [...].
>
> [...] o que é o direito? Ofereço, agora, um tipo diferente de resposta. O direito não é esgotado por nenhum catálogo de regras ou princípios, cada qual com seu próprio domínio sobre uma diferente esfera de comportamentos. Tampouco por alguma lista de autoridades com seus poderes sobre parte de nossas vidas. O império do direito é definido pela atitude, não pelo território, poder ou processo.

Em paralelo a estas transformações de cariz filosófico e epistemológico, outro fenômeno de ordem histórica concorreu em grande medida para a mudança do papel das Supremas Cortes e de seu respectivo exercício contramajoritário. É que, consoante preconiza o professor Georges Abboud (2021), no modelo inicial de jurisdição constitucional, muito vinculado à ideia de Kelsen, como se viu, vigia *"uma política de contenção exacerbada"*.

Isso porque, segundo Dworkin (2003, p. 492), "a primeira grande tarefa de uma jurisdição constitucional, então, é concretizar os fins do próprio constitucionalismo, a saber, coibir os excessos do Poder Público, colocando limites à atuação estatal". E arremata:

> A princípio, dita função era plenamente satisfeita a partir do controle de compatibilidade formal entre as leis e o texto constitucional. Na gênese da jurisdição constitucional, imperava o intitulado Estado de Direito formal, cuja Constituição se limitava ao reconhecimento da divisão de poderes, da independência dos tribunais, da legalidade da administração, da tutela judicial contra os atos do Poder Público e da indenização pública, os quais, sob a perspectiva formalista, são erigidos à condição de elementos indispensáveis à ordem jurídica (Dworkin, 2003, p. 492).

Embora tal compreensão da jurisdição constitucional tenha sido relevante para a construção de um conceito de limitação dos poderes absolutos do Estado e para a proteção das liberdades individuais, o certo é que, especialmente após os horrores do nazifascismo constantes da Segunda Guerra Mundial (1939-1945), a doutrina constitucional contemporânea alcançou a compreensão de que "o que verdadeiramente se tinha era um não direito de Estado, e não um Estado de Direito" (Dworkin, 2003, p. 492).

As Constituições e o próprio constitucionalismo foram, então, profundamente ressignificados. Se, antes, o dever estatal era primordialmente de não violar as liberdades individuais, cabendo às Cortes Constitucionais o relevante papel contramajoritário de anular atos estatais, notadamente leis, incompatíveis com esse ideal, da metade do século XX em diante caberia ao Estado assegurar, positivamente, que os cidadãos gozassem de determinados direitos e prerrogativas.

No âmago das novas Constituições do pós-guerra, especialmente inspiradas pela Lei Fundamental de Bonn de 1949, a dignidade da pessoa humana (conceito, diga-se, deveras aberto e com o qual pode-se julgar qualquer tema de direitos fundamentais, em qualquer sentido) transformou-se em imperativo central, em conquista civilizatória. A partir de então, a dignidade da pessoa humana, da qual decorre uma série de princípios abstratos, passou a ser a pedra angular e o vetor hermenêutico dos Estados Democráticos de Direito. O pós Segunda Guerra Mundial e a crise do Direito enquanto mecanismo institucional apto à pacificação social gestou novas Constituições dotadas de princípios munidos de força normativa, veja-se:

> [...] direitos fundamentais oponíveis à maioria, cuja aplicação exigia um modelo hermenêutico muito diverso daquele anteriormente existente e cuja efetivação impunha à Jurisdição Constitucional o desempenho de novas funções, de cunho, inclusive, para-legislativo (*e.g.*, decisões aditivas), para muito além daquela que lhe fora atribuída quando de seu surgimento (*i.e*)., legislação negativa (Dworkin, 2003, p. 492).

De outro, o modelo hermenêutico diverso daquele até então existente que possibilitou o crescimento da jurisdição constitucional atual, muito focado na soberania do Parlamento e da concepção francesa da lei como expressão da vontade geral, foi propiciada justamente pelo giro ontológico-linguístico. Como alerta John Hart (2010, p. 7, nota 5):

> É claro que os tribunais criam o direito o tempo todo, e ao fazê-lo podem ter a intenção de inspirar-se nas fontes habituais dos adeptos do não interpretacionismo – os "princípios fundamentais" da sociedade ou qualquer outra coisa – mas, fora do âmbito da jurisdição constitucional – eles se limitam a preencher as lacunas que o Poder Legislativo deixou nas leis que aprovou ou, então, a tomar conta de uma área que o Poder Legislativo, de caso pensado, entregou ao Judiciário para que se desenvolvesse.

O fenômeno da transferência de decisões politicamente sensíveis ao Judiciário, como forma de não exposição do Legislativo em temas, por vezes, caros aos seus redutos eleitorais, é algo também identificado em países de constitucionalismo recente, como Canadá, Israel, Nova Zelândia e África do Sul. Na obra *Rumo à Juristocracia*, o professor da Universidade de Toronto, Ran Hirschl, identificou nesses países que a adoção do que denomina *catálogos constitucionais* alterou a dinâmica de poder, saindo-se da mera supremacia parlamentar para a preponderância da revisão judicial, com a soberania absoluta das regras constitucionais. O que também se viu, em todos os países estudados, foi a proeminência das Cortes Supremas em temas antes restritos aos Legislativos, de forma até mesmo proposital, para que o desgaste de imagem seja apenas dos Juízes da Corte Suprema e não dos atores políticos. Nas palavras de Hirschl (2020, p. 89):

> A retirada do poder sobre políticas públicas das legislaturas e dos executivos e sua transferência aos tribunais pode se tornar atrativa para os detentores do poder político quando a disputa for indesejada como debate público, principalmente porque elas apresentam dilemas políticos sem vencedor (como a disputa sobre o aborto nos Estados Unidos, o debate

sobre casamento entre pessoas do mesmo sexo no Canadá, ou a questão de "quem é judeu" em Israel).

Em verdade, o problema da hermenêutica se incorporou mais decisivamente ao Direito e, sobretudo, aos debates em torno da legitimidade democrática das decisões proferidas pelos Tribunais Constitucionais a partir do "giro linguístico" (*linguist turn*) e do próprio desenvolvimento da filosofia da linguagem como marco da superação da metafísica clássica e da filosofia da consciência.

Segundo Gamboa (2009, p. 3), a virada linguística "apresenta uma longa tradição e diversas interpretações (Saussure, Barthes, Derrida, Deleuze, White e Foucault)". E complementa:

> Entretanto fundada numa mesma matriz: a reação à filosofia analítica, à lógica formal, ao mentalismo e ao primado das coisas sobre as palavras. O "giro linguístico" desloca a centralidade do objeto ou das coisas representadas na mente (ponto de partida da lógica formal) para a linguagem e as palavras. Nesse caso, as palavras (a linguagem e o discurso) tornam-se referência (o centro ou o ponto de partida) das coisas (Gamboa, 2009, p. 3).

É, portanto, a condição interpretativa do mundo, conjugada com um desenho institucional de Constituições, que retiram do campo político majoritário a proteção de direitos fundamentais, o que possibilitou a expansão da jurisdição constitucional e a formação de sua concepção enquanto órgão estatal encarregado de assegurar a autonomia do direito e a própria soberania das democracias constitucionais. Em outras palavras, foi o incremento da hermenêutica, combinado com a teoria dos princípios e associado ao alastramento da jurisdição constitucional o que assegurou, mediante o controle normativo de constitucionalidade de normas, a submissão da política ao império do Direito, conformando os atuais modelos de Tribunais Constitucionais institucionalmente protagonistas[7].

Se a querela Carl Schmitt *versus* Hans Kelsen em torno de quem seria o guardião da Constituição se estabelecia eminentemente na relação entre o subsistema do Direito e o subsistema da Política, hoje, em um contexto de aumento de complexidade social em que Tribunais Constitucionais funcionam como última trincheira na resolução de todos os problemas que acometem a sociedade, esses Tribunais Constitucionais passam a enfrentar um problema adicional à legitimidade de suas decisões, qual seja: os limites epistemológicos de suas capacidades institucionais a respeito de temas que advém de outros subsistemas sociais e para os quais as Cortes não possuem expertise própria. Afinal, precisam lidar com temas, oriundos de outros subsistemas sociais, que se colocam para além de um sistema jurídico puramente normativo fundado em regras e princípios. Mais precisamente, as Cortes Constitucionais, não raro, a pretexto de interpretarem o Direito, precisam decidir a respeito do "não Direito". Trata-se do retrato de um novo de Direito, que não mais é capaz de afirmar sua autonomia em sua autorreferência autopoiética e fechada operativamente, e, no limite, em determinadas casos, iguala a jurisprudência à lei ou mesmo à Constituição como fonte primária do Direito.

7 À guisa de ilustração: RE 482.621: "EMENTA: [...] impossibilidade de invocação, pelo poder público, da cláusula da reserva do possível sempre que puder resultar, de sua aplicação, comprometimento do núcleo básico que qualifica o mínimo existencial (RTJ 200/191- -197). Caráter cogente e vinculante das normas constitucionais, inclusive daquelas de conteúdo programático, que veiculam diretrizes de políticas públicas. Plena legitimidade jurídica do controle das omissões estatais pelo Poder Judiciário. A colmatação de omissões inconstitucionais como necessidade institucional fundada em comportamento afirmativo dos juízes e tribunais e de que resulta uma positiva criação jurisprudencial do direito". Precedentes do Supremo Tribunal Federal em tema de implementação de políticas públicas delineadas na Constituição da República (RTJ 174/687 - RTJ 175/1212-1213 - RTJ 199/1219- -1220). Recurso Extraordinário do Ministério Público Estadual conhecido e provido." Relator Ministro Celso de Mello, DJe de 07.04.2010. in https://jurisprudencia.stf.jus.br.

2. UM NOVO PARADIGMA EPISTEMOLÓGICO: O DIREITO PARA ALÉM DA LEGALIDADE E DA ESTATALIDADE

2.1. Gunther Teubner e a reconfiguração da teoria dos sistemas: uma perspectiva policontextural

Nos anos 1990, Gunther Teubner ressignifica a teoria dos sistemas de Niklas Luhmann e a ela confere contornos contemporâneos à luz do contexto de uma sociedade mundial globalizada. No ponto, anota o professor Ricardo Campos em sua obra *Metamorfoses do Direito Global* (2022, p. 76):

> Inspirado por Eugen Ehrlich, Teubner se distancia do conceito de Direito de Luhmann no que diz respeito à sua centralidade no Estado no sentido teórico conferido pela teoria dos sistemas, ao se distanciar da dependência da reprodução do Direito da legislação e jurisdição estatal, buscando assim uma nova teoria pluralista do Direito centrada em "processos espontâneos de criação do Direito".

Ou melhor, o Direito e sua formatação em um sistema autopoiético autônomo, cuja criação até então estava eminentemente vinculado à figura do Estado e que até então se impunha à sociedade de um modo vertical, de cima para baixo, em um modelo *top down*, passa a ter seu eixo ontológico de criação deslocado para "processos espontâneos", de algum modo aleatórios e difusos. A globalização promove uma mudança radical e profunda no modo de criação do Direito, em crise na atual quadra pós-moderna exatamente porque deixa de ser eminentemente atrelado à soberania dos Estados Nacionais. Para o professor Ricardo Campos (2022, p. 76), o Direito, no contexto da globalização, passa a ser compreendido "como uma normatividade que não deriva simplesmente de um centro, estatal ou não, mas é gerada em um cenário de conexão lateral e horizontal entre Estado, organizações e sociedade, com sérias consequências para a modelagem da subjetividade jurídica envolvida neste contexto".

Inegavelmente, o fenômeno da globalização coloca em xeque a estrutura tradicional da teoria dos sistemas de Luhmann, isto é, de um Direito marcado pela inevitabilidade da jurisdição como garantia da própria autonomia autorreferente do Direito. É que, para Luhmann, a globalização levaria a um enfraquecimento ou mesmo a degeneração do subsistema do Direito. Segundo Campos (2022, p. 76), tal compreensão se deve, dentre outros elementos, "ao fato de que ele se orientou fortemente para a distinção entre expectativas cognitivas e normativas para descrever o Direito como uma forma de vinculação temporal". Na perspectiva desse autor, com a qual aqui se coaduna, o estreitamento da teoria dos sistemas tornaria:

> [...] o Direito em funcionamento na modernidade, uma vez que ele começa a se articular além do Estado, um caso excepcional na história da humanidade. Por esta razão, a forma luhmanniana do Direito só pode ser pensada para o Estado-Nação com sua estrutura e pré-requisitos institucionais [...]. Neste sentido, o conceito de Direito na teoria de Luhmann aponta para elementos inevitavelmente centrados no Estado (Campos, 2022, p. 76).

Douglas Elmauer (2016, p. 16), neste particular aspecto, assevera que, segundo a prognose da teoria luhmanniana no contexto da sociedade global, "no plano estrutural da sociedade mundial, os sistemas primariamente orientados cognitivamente, como economia, ciência e técnica, ganhariam certa centralidade no processo de mundialização, enquanto os sistemas orientados normativamente, como a política e o direito, encontrariam dificuldades e limitações para alçar um nível global".

Para Teubner, a visão de Luhmann sobre a menor importância do Direito na sociedade global é uma interpretação equívoca do Direito para além das fronteiras do Estado. Paradoxalmente, alega Elmauer, Teubner, ao mesmo tempo em que critica a limitação da teoria dos sistemas de Luhmann, porquanto eminentemente vinculada às fronteiras do Estado Nacional, vale-se exatamente do aparato conceitual da teoria dos sistemas de Luhmann para conceber seu modelo explicativo do Direito na sociedade mundial:

> Independentemente das críticas de Teubner à teoria dos sistemas nos moldes luhmannianos, insiste-se ao mesmo tempo que o aparato conceitual básico da teoria dos sistemas, com diversos refinamentos e variações adicionais, ainda poderia ser usado para uma interpretação do desenvolvimento do direito na sociedade mundial (Elmauer, 2016, p. 13).

Noutras palavras, enquanto Luhmann, com esteio na teoria dos sistemas, enxergava na globalização uma diminuição do papel do subsistema do Direito, que agora não mais conseguiria, em uma estrutura global, acomodar expectativas normativas, Gunther Teubner constata, exatamente a partir de uma ressignificação da teoria dos sistemas, que o papel do Direito não diminuiu, como entendia Luhmann, mas, ao revés, aumentou. Aumentou não como um Direito intrinsecamente vinculado a uma estrutura estatal, mas, sim, com o surgimento de discursos altamente especializados, técnicos e fragmentados.

Segundo Brunkhorst, a (re)leitura da teoria dos sistemas de Luhmann por Teubner decorre de sua observação da nova estrutura desenhada pela globalização. Brunkhorst anota, neste ponto, que o ano de 1989 marca temporalmente, com uma fissura na história, o fim do período dos Estados nacionais, iniciado em 1789, e o início da transformação de toda a ordem global com o rápido avanço dos processos de globalização:

> Na verdade, foi a conclusão das mudanças revolucionárias do século XX. Conclusão, nesse caso, que coincide com a globalização da ordem institucional básica da até então rudimentar integração normativa da sociedade mundial. Em termos hegelianos, a sociedade mundial era, até 1989, uma sociedade normativamente integrada em si mesma e, desde então, é uma sociedade mundial normativamente integrada *em* e *para si mesma* (Brunkhorst, 2011, p. 26).

A partir de 1989, então, tem início um intricado processo de integração global e de paulatino desaparecimento das tradicionais fronteiras dos Estados nacionais dentro de um dado âmbito territorial no qual o Estado exerce a sua soberania e manifesta, especificamente no caso da jurisdição, o seu poder de sujeição ao jurisdicionado em razão de seu monopólio de dizer o Direito (*iuris dictio*). Segundo preceitua Ricardo Campos (2022, p. 80), "este é um dos pontos centrais da análise do surgimento do Direito Global, que não mais acontece no centro tradicional da produção legislativa, o parlamento, mas na periferia do Direito, ou seja, nas fronteiras com outros setores da sociedade global". É o próprio Gunther Teubner que, neste específico ponto, explica:

> O foco da formação do Direito está mudando para regimes privados, para contratos entre atores globais, regulação do mercado por empresas multinacionais, elaboração de regras internas em organizações internacionais, sistemas de negociação inter-organizacionais e processos de padronização global (Teubner, 2000, pp. 43 e 44).

Passa-se, então, a um paradigma de sociedade fragmentada, *heterárquica*, formada por uma pluralidade de redes e sistemas funcionais. Criaram-se, para além das fronteiras do Estado, normatividades próprias por agentes privados transnacionais para regularem as suas dinâmicas sociais altamente especializadas, que escapam aos domínios do Estado. Na concepção de Teubner, segundo Matthaus Kroschinsky (2023), "Luhmann permaneceu excessivamente restrito a uma concepção de Constituição que estruturava a autopoiese recíproca entre Direito sem extrapolá-la para os demais sistemas sociais autônomos. Fazê-lo, é, grosso modo, a nova questão constitucional de Teubner". Tal autor defende que, para Teubner, o excessivo enfoque de Niklas Luhmann na relação de acoplamento estrutural entre o subsistema do Direito e da Política para explicar o seu conceito específico de Constituição era limitado, porquanto "representa um desperdício dos potenciais explicativos e integradores das Constituições" (Kroschinsky, 2023).

Mas, como veremos, Teubner irá além, considerando elementos da sociedade global que Luhmann não considerou, para explicar o novo papel e a nova semântica do conceito de Direito.

Quando Teubner redireciona, no contexto da sociedade globalizada, o conceito de Direito, o faz concebendo-o como um produto indireto de processos globalizados de diferenciação social. O conceito de Direito, na sociedade globalizada altamente técnico-especializada, é bem descrito por Ricardo Campos na seguinte passagem de seu *Metamorfoses do Direito Global* (2022, p. 92):

> Enquanto dentro do Estado-nação, o Direito se ocuparia em desempenhar sua função [...] estabilizando parâmetros mínimos generalizáveis de ação, especialmente na forma de

> programas condicionais, o Direito da sociedade global, em vez disso, procederia a apoiar condições estruturais da capacidade de aprendizagem de todos os subsistemas da padronização.
> [...]
> Nesse contexto, a padronização das condições, que só pode ocorrer de forma descentralizada na sociedade mundial, aponta para um Direito que funciona mais como um gerador de novas possibilidades ou variações do que para um Direito que cede ou limita os horizontes sociais de ação através da institucionalização da reflexividade mediática. [...] A padronização das condições estruturais no sentido de um Direito da sociedade global estaria mais estreitamente ligada aos contornos de uma forma específica de normatividade jurídica híbrida que produz e impulsiona a produção de processos de padronização setorial da sociedade mundial – muitas vezes de natureza técnico-jurídica, ou seja, com uma forte presença da técnica na (co-)construção da normatividade jurídica. Neste contexto, o Direito aparece principalmente como um fenómeno concomitante de várias práticas sociais e, assim, emerge como um facilitador de um horizonte comum, técnico e flexível para a ação de terceiros dentro de setores especializados da sociedade mundial. Em vez de programas condicionais e a estabilização de expectativas normativas, este Direito cognitivo, centrado na aprendizagem, estaria mais ligado a formas procedurais e à criação de fóruns que permitam a interação de diferentes racionalidades, o que serviria para possibilitar a geração de conhecimento híbrido e setorial dentro da sociedade global.

Veja-se, portanto, que enquanto Luhmann, no contexto dos Estados nacionais, pensava o Direito produzindo a si mesmo mediante um código binário que diz o que é Direito e aquilo que não é, Teubner encara a produção do Direito de forma contingente em suas interações com em outros subsistemas sociais complexos e altamente especializados no contexto da sociedade globalizada, o que passa a ser inevitável para que o binômico clássico de Luhmann não seja substituído, como aludido por Alexandre Vitorino Silva (2020), em "poder ou não poder", sem se cogitar do verdadeiro binômico: será útil ou inútil?

Com efeito, a não adoção de uma abertura cognitiva, com decisões transitórias, como as de um acordo, lança a Corte Suprema no perigoso campo do ativismo, e naquilo que Oscar Vilhena Vieira, em lúcido neologismo, cunhou de "Supremocracia":

> A Supremocracia – assim como a sua versão extremada, a ministrocracia, em que os ministros individualmente passam a exercer competências conferidas constitucionalmente ao colegiado do Tribunal – decorre da associação entre o modelo constitucional adotado em 1988, a arquitetura institucional da corte, mas também da postura assumida pelos próprios ministros do STF. A Supremocracia encontra-se em evidente tensão com concepções majoritárias da democracia, em que a última palavra sobre temas relevantes à sociedade deve ficar reservada à vontade da maioria. Nosso regime, assim como o de grande parte das democracias hoje existentes, é mais consensual do que majoritário (Vieira, 2018, p. 176).

Agora, o papel do Direito não mais se restringe a, mediante um código jurídico binário, dizer o que é conforme ou não à normatividade própria do subsistema do Direito. O Direito passa, então, a ser contingente e aberto a um constante processo de aprendizagem em suas interações com outros subsistemas sociais. Eis o motivo pelo qual Ricardo Campos (2022, p. 92) assevera que "o Direito aparece principalmente como um fenômeno concomitante de várias práticas sociais [...]".

Se, antes, o papel central do Direito era o de estabilizar expectativas normativas e assegurá-las institucionalmente por meio da força soberana dos Estados nacionais (*enforce to law*), agora, no contexto de uma sociedade globalizada heterárquica e difusa, o Direito se preocupa menos com a estabilização de expectativas normativas por decisões tomadas em um sistema decisionista, e mais com expectativas cognitivas de aprendizagem da interação do Direito com outros subsistemas sociais específicos e dotados de alta carga técnica.

Uma vez mais, pela pertinência do argumento, vale ressaltar as seguintes palavras de Ricardo Campos que traduzem com perfeição a nova semântica do Direito nas sociedades globalizadas na acepção de Gunther Teubner a partir de uma releitura da teoria luhmanniana dos sistemas:

> Em vez de programas condicionais e a estabilização de expectativas normativas, este Direito cognitivo, centrado na aprendizagem, estaria mais ligado a formas procedurais e à criação de fóruns que permitam a interação de diferentes racionalidades, o que serviria para possibilitar a geração de conhecimento híbrido e setorial dentro da sociedade global (Campos, 20222, p. 92).

Isto quer dizer, portanto, que o próprio papel dos Tribunais é ressignificado. Afinal, sob o paradigma legalista do Estado moderno cabia a eles, Tribunais, assegurarem o cumprimento de expectativas normativas em torno de uma legalidade que se fundava de modo autorreferente em si própria (Direito/não Direito).

Por outro lado, sob o paradigma da globalização e de um constitucionalismo fragmentário, o Direito, que precisa lidar com realidades altamente complexas e em relação as quais não possui expertise técnica, deve adotar uma postura de autocontenção para, ao invés de proferir decisões verticalmente com base em argumentos puramente jurídico-políticos, abrir-se a essa complexidade híbrida do conhecimento de variadas estruturas, criando as condições de possibilidade para que estes outros atores interajam livremente para decidir, tecnicamente, a melhor solução para os seus problemas jurídicos.

Noutras palavras, o Direito deixa de ser protagonista em certas questões de natureza técnico-especializada para, ao invés disso, criar as estruturas e pavimentar os caminhos, procedimentalmente abertos, necessários à abertura do diálogo e construção de soluções pelos próprios agentes técnicos. Aos Tribunais, cabe o estabelecimento de formas organizacionais e a criação de parâmetros de ação para a produção de normatividade jurídica em um ambiente de práticas sociais híbridas.

Se sob uma perspectiva luhmanniana e legalista dos Estados modernos de um modo geral, a autonomia do Direito só existia porque se tinha um sistema autopoiético e autorreferente, em que o Direito produzia a si mesmo através de si próprio para estabilizar expectativas normativas, agora, sob uma perspectiva de Gunther Teubner, o Direito se dissolve em mecanismos cognitivos de aprendizagem. Segundo Campos (2022, p. 92), Luhmann defenderia que "a abordagem de um Direito cognitivo focalizado em métodos procedurais, especialmente dentro do Estado-Nação, significaria a abolição do fechamento operacional e da autonomia do sistema jurídico". E como anota Alexandre Vitorino Silva (2020, p. 15), "Uma vez quebrada a diferenciação entre direito e política, o risco é o de que as decisões judiciais abandonem o código binário lícito/ilícito e abracem o código poder/não poder para resolver disputas que, a bem da pacificação social, deveriam ter consequências preestabelecidas."

Para Teubner, todavia, é exatamente este Direito "sem autoridade" que se articula para além do Estado e que se organiza institucionalmente como um *locus* sistêmico privilegiado de criação de condições procedimentais de possibilidade para que os agentes técnicos construam conjuntamente o significado das normas que melhor regularão as suas operações técnicas é o que assegura a autonomia do Direito. Autonomia do Direito não é fechamento operativo, mas, sim, abertura cognitiva para processos de aprendizagem. Como alude Peter Häberle (2002, p. 13):

> A interpretação constitucional é, em realidade, mais um elemento da sociedade aberta. Todas as potências públicas, participantes materiais do processo social, estão nela envolvidas, sendo ela, a um só tempo, elemento resultante da sociedade aberta e um elemento formador ou constituinte dessa sociedade.

Mais do que a hermenêutica aberta aos diversos atores sociais, a complexidade atual leva mesmo à busca de uma solução conjunta, ainda que mesmo fora do campo decisório, porquanto mais adequada à determinado tema, sob pena de prevalência absoluta do Poder Judiciário no já pluricitado e tendente a falhas sistema *top down*, também traduzido como *"cumpra-se, ainda que erraticamente"*, o que em última *ratio* seria a quebra definitiva da tripartição republicana de poderes e do sistema de *checks and balances* idealizado por Madison no Federalista 51, como pondera, com extrema lucidez, o jurista alemão Dieter Grimm (2006, p. 17):

> Por um lado, a separação entre direito e política depende de que os órgãos legislativos não possam interferir na aplicação do direito. Contudo, por outro lado, *ela também depende de que os órgãos aplicadores do direito não possam eles mesmos definir suas regras decisórias. Institucionalmente, isso é garantido no Estado constitucional pelas disposições da divisão dos poderes.* Competência normativa têm apenas o parlamento e, em abrangência limitada, por autorização parlamentar, o

governo. Ao contrário, a jurisdição não possui competências legislativas, podendo apenas decidir por meio de critérios preestabelecidos.

Embora essa seja a premissa teórica adotada neste trabalho, notadamente porque a procedimentalização dos Tribunais é elemento de base que, em boa medida, anima a adoção de soluções negociadas no âmbito da jurisdição constitucional do Supremo Tribunal Federal, não se desconhece os problemas da teoria dos sistemas ressignificada por Teubner, notadamente o fato de que a dissolução do Direito em mecanismos cognitivos pode levar a sua colonização por outros subsistemas sociais específicos.

Todavia, e a exploração de todas as possibilidades e limites desta teoria não é objeto deste trabalho, o que importa, para fins de teorização do estímulo à prática do acordo no âmbito do Supremo Tribunal Federal, é o fato incontroverso de que a Corte precisa lidar, não raro, com problemas técnicos para os quais não possui expertise técnica. Trata-se do fenômeno que o próprio Supremo Tribunal Federal passou a chamar de ausência de capacidade institucional sua para decidir certas questões.

Com efeito, delegar ao Supremo Tribunal Federal a formulação, *v.g.*, de políticas públicas, além de se suprimir a efetiva participação do Legislativo e dos entes sociais organizados, pode-se recair no inócuo. Como alerta Alexandre Vitorino Silva, citando a doutrina de Paul Sabatier (2007), as políticas públicas, pela necessidade de mudança de hábitos e ordenação social, podem levar um ciclo de até dez anos para serem implementadas e testadas. Só após uma década ou, até mesmo, décadas, é que se poderá aferir a sua eficácia. Por óbvio, a inércia do Legislativo, finda por obrigar que o Supremo assuma um papel que, definitivamente, não cabe em sua toga.

Além das audiências públicas e da figura do *amicus curiae* – como pretensos auxiliares dos Ministros da Suprema Corte na tomada de decisões que envolvam temáticas fora da área do Direito e de grande complexidade técnica – também surgiu na Suprema Corte Colombiana uma tentativa de suprir a lacuna de ausência de políticas públicas, ou, ainda de correção de inconstitucionalidades sistêmicas, na conhecida e amplamente citada "teoria do estado de coisas inconstitucionais", em que se alvitra a possibilidade de a Corte Suprema – identificando práticas inconstitucionais não apenas de determinado diploma legal ou ato administrativo violador de direitos fundamentais, mas sim de cadeia de atos comissivos/omissivos inconstitucionais – proferir decisão corrigindo todas as falhas, e, mesmo, fixando políticas públicas.

O presente trabalho não pretende abordar tal tema, que por certo caberia em uma dissertação inteira, mas para também frisar, em poucas linhas, a sua igual inocuidade, ao menos no Brasil. Tal teoria, de todo pretensiosa, é muito mais superlativa do que a figura metafórica definida por Dworkin (1999) como *juiz Hercules*, que como sabido é aquela do juiz ideal, que sempre decide os casos da melhor maneira possível, levando em conta não apenas as leis, mas os princípios morais e éticos. A referida teoria cuida do chamando *processo estrutural*, de *decisões estruturantes* que na práxis, ao menos no recorte brasileiro, é de pouca ou nenhuma utilidade. Não é desarrazoado dizer que dita teoria é espécie de ativismo judicial, já que pressupõe a interferência do Judiciário em temas que fogem à sua limitação constitucional de atuação.

Como muito bem apontado por Alexandre Vitorino Silva, a primeira decisão estruturante ou verdadeiramente ativista, talvez tenha sido o famoso precedente da Corte Suprema Americana em *Brown vs Board of Education,* de 1954, em que revendo o precedente *Plessy vs Ferguson,* de 1896, e a própria 14ª emenda à Constituição Americana, acabou com a segregação racial em escolas. A decisão, pela correção histórica de discriminação promovida pelo Estado, nunca foi criticada pelo caráter ativista. Talvez, *quiçá,* por ter sido o "ativismo do bem". Todavia, inaugurou uma vertente interpretativa com riscos de difícil mensuração, e de inevitável agigantamento das Cortes Supremas[8], como adverte Georges Abboud (2022, p. 113):

> Por outro lado, na dimensão macro ou estrutural do ativismo, o que ocorre é a caracterização do fenômeno da juristocracia ou da própria Supremacia Judicial. Em linhas gerais, na dimensão macro, o ativismo se caracteriza por um agigantamento do Judiciário em face dos demais Poderes, sem que haja respaldo constitucional para tanto.

É bem de ver, no plano do *estado de coisas inconstitucionais,* a primeira decisão da Suprema Corte que aplicou a teoria cuidou do sistema carcerário, na Arguição de Descumprimento de Preceito Fundamental 347 de relatoria para acórdão do Ministro Luís Roberto Barroso. Ali, determinou-se a todos os entes federados uma verdadeira reforma integral do sistema penitenciário brasileiro que, se

8 À guisa de ilustração de decisões ativistas, dentre inúmeros casos que, por certo, caberiam em uma dissertação inteira: Proibição de operações policiais em favelas durante o período da pandemia (o que segundo especialistas em segurança pública permitiu o fortalecimento de organizações criminosas e o surgimento de novas facções. informação extraída do Anuário Brasileiro de Segurança Pública. http://apidspace.forumseguranca.org.br). ADPF 635, Relator Ministro Luiz Edson Fachin. Possibilidade de prisão em segundo grau sem ferir a presunção de inocência: HC 126.292, DJE de 17.02.2016, relator Ministro Teori Zavascki (entendimento revisto em 2019 nas ADCs 43, 44 e 54). Ainda: equiparação penal da homofobia ao crime de racismo, em inovação que permitiu a criação de tipo penal por analogia, revisando o vetusto e consagrado princípio nullum crimen, nulla poena sine lege. Ação Direta de Inconstitucionalidade por Omissão (ADO) 26 e do Mandado de Injunção (MI) 4.733. Relator Ministro Celso de Mello; Permissão do abordo em caso de fetos anencefálicos, sem que haja previsão legal para tanto: ADPF 54, Relator Ministro Marco Aurélio; Proibição do financiamento privado de campanhas eleitorais: ADI 4.650, Relator Ministro Luiz Fux. Proibição da festa cultural e histórica do nordeste conhecida como Vaquejada: ADI 4.983, Relator para Acórdão Ministro Dias Toffoli (decisão que gerou um backlash legislativo com a edição da Emenda Constitucional 96/2017.

aplicado, por certo resolveria o problema mais crônico das execuções penais, e determinando:

> 1. Há um estado de coisas inconstitucional no sistema carcerário brasileiro, responsável pela violação massiva de direitos fundamentais dos presos. Tal estado de coisas demanda a atuação cooperativa das diversas autoridades, instituições e comunidade para a construção de uma solução satisfatória. 2. Diante disso, União, Estados e Distrito Federal, em conjunto com o Departamento de Monitoramento e Fiscalização do Conselho Nacional de Justiça (DMF/CNJ), deverão elaborar planos a serem submetidos à homologação do Supremo Tribunal Federal, nos prazos e observadas as diretrizes e finalidades expostas no presente voto, especialmente voltados para o controle da superlotação carcerária, da má qualidade das vagas existentes e da entrada e saída dos presos (Brasil, 2023a).

Além do quanto acima transcrito, foram ainda determinadas, em referida ADPF, inúmeras medidas, vinculando não apenas a forma de audiências de custódia como, mesmo, inspeção de presídios. Ao que se tem notícia, nem mesmo o plano de combate à superlotação carcerária foi apresentado e, mesmo, aprovação de crédito orçament*ário* suplementar. Ainda que altruísta, a decisão, em termos práticos, mostrou-se inócua, e a realidade dos presídios, amiúde exposta em veículos de imprensa, continua demonstrando o caos ali reinante.

Existe, ainda, um segundo precedente, em matéria ambiental (ADF 760), que apesar de não considerar o estado de coisas inconstitucional apenas porque a União Federal havia assumido um compromisso de redução do desmatamento do bioma amazônico, determinou até mesmo a alocação de verbas do orçamento da União Federal para parlamentares da região amazônica e com o compromisso específico de empregá-las no desiderato ambiental. Reconheceu-se, assim, que havia uma situação de inconstitucionalidade estrutural na forma como o Brasil trata as questões ambientais, em violação sistêmica dos direitos fundamentais relacionados ao meio ambiente. Além de determinar a alocação de verbas do orçamento da União, em ingerência direta na autonomia do Executivo e Legislativo, fixou-se comandos executivos, gerenciais, diretamente à União, Estados e Municípios, como apresentação de planos conjuntos de combate ao desmatamento, com divulgação em sítio eletrônico da União e, até mesmo, a aprovação de crédito orçamentário extraordinário.

Os fatos, por sua excelência e preponderância, mostram que apesar do altruísmo e importância da decisão, pouco ou nada mudou em matéria de proteção do bioma amazônico. Não há sequer notícias de formação de grupos de trabalho, de divulgação de dados da forma como determinada pelo Supremo ou, mesmo, da aprovação do crédito orçamento extraordinário.

Tais decisões estruturantes, pela sua pouca eficácia, fazem lembrar o comentário do jurista Gerald Rosenberg ao citar o reconhecimento judicial do casamento homoafetivo no Havaí, em seguida ao caso *Baehr vs Miike,* e que geraram forte reação popular e um *backlash* que alterou a Constituição Estadual para vedar a proteção a essa modalidade de núcleo familiar:

> Ganhar uma ação é uma coisa, mas transformar essa vitória em mudança social é outra bem diferente. Apesar das vitórias judiciais, o casamento de pessoas do mesmo sexo não se tornou legal no Havaí. As decisões foram rapidamente superadas por eventos políticos subsequentes. A oposição se desenvolveu imediatamente após a decisão de 1993. Em seguida à decisão em *Baehr vs Miike* (1996), opositores do

casamento homoafetivo propuseram uma emenda à Constituição do Havaí que reservava a questão do casamento gay a disciplina legislativa específica, permitindo, mas não ordenando ao legislador que restringisse o casamento civil a pessoas de sexos opostos (Rosenberg, 2008, p. 343).

Também de Alexandre Vitorino colhe-se a real dimensão ou, mesmo, a incapacidade institucional de a Suprema Corte, em sistema decisório *top down*, traçar política pública, ou mesmo determinar a execução de atos pelo Poder Executivo:

> O Supremo fez um considerável esforço hermenêutico para viabilizar a tramitação de uma pretensão *à declaração de um estado de coisas inconstitucionais em relação ao sistema carcerário e penitenciário no Brasil em sede arguição de descumprimento de preceito fundamental.*
>
> Em rigor dogmático, nenhuma ação de controle abstrato parece ter sido concebida, no Brasil, originariamente, para verificar a compatibilidade fática de um estado de coisas ou o modo de ser de uma burocracia, não redutível à categoria de ato jurídico, com a constituição da república.
>
> O problema é que a análise de um estado de coisas inconstitucional se confunde com análise da deficiência constitucional de uma política pública (Vitorino, 2020, p. 189).

Isso posto, tudo leva a indicar que as ferramentas de controle constitucional à disposição da Suprema Corte, em especial a arguição de descumprimento fundamental e a inconstitucionalidade por omissão, não parecem ser as mais adequadas para dirimir questões sequer positivadas ou, ainda, corrigir ou mesmo criar políticas públicas em face da inércia dos demais entes federados.

O que aqui se proporá, doravante, é justamente a adoção e o fortalecimento das soluções negociadas na jurisdição constitucional do Supremo Tribunal Federal como mecanismo de se assegurar a própria autonomia do Direito em um contexto de uma sociedade plural e tecnicamente hipercomplexa para a qual o código jurídico binário do constitucional/inconstitucional não é capaz de resolver. Evidentemente, não se quer com isso esvaziar os poderes da jurisdição constitucional do Supremo Tribunal Federal, mas, antes, estimular e fortalecer práticas que o próprio Supremo Tribunal Federal já adota quando estimula institucional e normativamente a prática do acordo como forma de melhor resolução de conflitos técnico-especializados.

2.2. O Direito Procedural e a (re)configuração semântica da autonomia do Direito.

Ao mesmo tempo em que a jurisdição constitucional contemporânea adquiriu, na teoria, isto é, o giro ontológico-linguístico, e na prática, com a mudança na arquitetura das Constituições do pós Segunda Guerra Mundial para dotar as jurisdições constitucionais de amplos poderes, um tamanho e feição nunca antes vistos para conferir soluções jurídicas a problemas complexos da vida social, o modelo decisório estatal tradicional que acompanha essa mesma jurisdição, fundado na regulação de todos os aspectos da vida por meio do código do Direito (constitucional/inconstitucional – lícito/ilícito), revela-se insuficiente ou mesmo ineficiente.

Aliás, o próprio conceito contemporâneo de função contramajoritária das Supremas Cortes passa por uma profunda crise que coloca a função das próprias Cortes Constitucionais em dúvida. Uma Corte Constitucional que decide sobre todos os temas, de certo possui dificuldades de se ancorar em bases democráticas e mesmo constitucionais. O limite entre o que é proteção ativista de direitos fundamentais e o que é uma postura meramente inovadora e fixadora de novas regras, não previstas na quadra constitucional, é absolutamente tênue.

Eis aí o espaço sobre o qual emerge a proceduralização enquanto esquema teórico-filosófico capaz de fornecer subsídios funcionais para que a jurisdição constitucional forneça decisões que se adequem à velocidade tecnológica das atuais sociedades contemporâneas.

Para Georges Abboud (2021, p. 570), "a ideia procedural básica é a de que os Tribunais ajam como verdadeiros árbitros de interesses, mediante a definição de condições de interação entre as instituições que consideram fazer jus à posição de decidir". E complementa com a seguinte explanação:

> Em lugar de determinar a solução material, cabe à Corte especificar, de acordo com quais procedimentos, as partes chegarão, por si mesmas, à solução negociada que considerem mais adequadas. Desse modo, o Judiciário transacionaria de uma racionalidade substantiva (materialização) para procedimentos de modelagem (Abboud, 2021, p. 570).

Veja-se, neste particular, que o proceduralismo, emergente no âmago da crise epistemológica do estado legalista na resolução dos paradoxos autorreferentes que se apresentam na atual sociedade globalizada, desloca o epicentro da produção do conhecimento e da formação da norma jurídica do Estado para as próprias partes potencialmente afetadas.

Na realidade, o papel do Estado-Juiz se limita a definir as condições procedimentais de possibilidade sobre as quais as próprias partes, consensualmente e com base no atual estado da técnica, regularão materialmente, por si, a realidade que as cerca. É dizer, "o Tribunal assegurará os procedimentos para a produção do conhecimento a ser usado nessa regulação de modo a se impor solução apta a ser modificada posteriormente porque contém a autorreflexividade" (Abboud, 2021, p. 571).

Nada mais natural em um arquétipo decisório aberto aos influxos das complexidades sociais que a jurisdição constitucional seja autorreflexiva e capaz de deixar canais abertos à atualização do conteúdo material da decisão. Aliás, a autorreflexividade e a constante atualização cognitiva do estado da técnica por quem detém expertise nos temas devolvidos à Corte é justamente a mola propulsora que permite a atualização do conteúdo material de decisões tomadas em um determinado espaço-tempo no âmbito da própria jurisdição constitucional. Georges Abboud (2021, p. 571), em seu *Direito Constitucional Pós-moderno*, anota:

> A grande função da proceduralização é preparar as instituições para operar com incertezas, diante das quais não é possível construir ou descobrir verdades perenes justamente porque ela auxilia o Direito a líder com assuntos em diária transformação.[9]

A proceduralização, portanto, nada mais é do que uma atitude ou uma postura minimalista de humildade institucional (*judicial self-restraint*) capaz de substituir a pretensão de uma jurisdição constitucional plenipotente fiada na falsa crença de estar apta a decidir sobre todos os temas. Trata-se, portanto, de um reconhecimento de que o papel contramajoritário da jurisdição constitucional deve ser exercido com parcimônia.

Asseguram-se modelos ou *standards* procedimentais mínimos que não sejam passíveis de estabilização por meio de esquemas processuais de coisa julgada material para que os próprios afetados, detentores do conhecimento técnico e de maior capital político-democrático,

9 ABBOUD, Georges. *Direito Constitucional Pós-moderno*. São Paulo: Thomson Reuters Brasil Conteúdo e Tecnologia Ltda., 2021.

possam em um constante aprendizado construírem coletivamente uma decisão que acomode melhor todas as expectativas normativas em jogo sem, no entanto, desgastar a jurisdição constitucional pela prolação de uma decisão jurídica vertical sobre temas que não são jurídicos e reclamam um olhar horizontal pormenorizado.

Isso não significa, no entanto, que a adoção da ideia procedural conduza as Cortes Constitucionais a relegarem todas e quaisquer disputas constitucionais a soluções negociadas. Diversamente, apenas conflitos que dependam de soluções tecnicamente inviáveis a uma Corte jurídica e, alguma medida, política.

Deixa-se, para a jurisdição constitucional, funções que são realmente contramajoritárias, como a manutenção do equilíbrio federativo, a declaração de nulidade de leis e atos normativos flagrantemente inconstitucionais e, com contenção, a tutela de direitos fundamentais que sejam passíveis de proteção por uma perspectiva jurídica minimalista, porém efetiva. Preserva-se, deste modo, o capital político da Corte com questões que efetivamente lhe cabem por força de seu papel contramajoritário.

Em tal quadra, o que se busca é a construção de uma nova arquitetura para a decisão judicial, para as Supremas Cortes e para sua respectiva função contramajoritária radicada em uma hermenêutica plural que integre, verdadeiramente, uma comunidade aberta de intérpretes dos significados constitucionais que, por essência e por serem permeados de historicidade, são contingentes no espaço e no tempo.

Trata-se, no plano teórico-filosófico, de se conceber que o Direito está centrado sobre um pluralismo radical de autonomias sociais que não se esgota tão somente no código binário autopoiético do lícito/ilícito, por si incapaz de absorver as complexidades sociais da pós-modernidade.

Como, então, legitima-se sob um prisma contramajoritário uma Suprema Corte que precisa decidir sobre questões que sequer possui expertise? Como se justifica o papel das Supremas Cortes para representar a soberania popular e direitos de minorias e, ao mesmo tempo, decidir de modo qualificado sobre problemas que não detém capacidade institucional?

A resposta a essas complexas indagações advém de Georges Abboud (2021, p. 369), para quem "a preservação da legalidade, democraticamente produzida, passa necessariamente pela estruturação de padrões decisórios. Ou seja, pela elaboração de um paradigma jurídico apto a construir fronteiras para impedir decisões judiciais sem limites".

O paradigma jurídico ou o "padrão" decisório que se pretende sugerir doravante neste trabalho, dentre outros, possíveis, é a construção de acordos e soluções negociadas no seio da jurisdição constitucional do Supremo Tribunal Federal, notadamente no âmbito de sua atuação em ações de controle abstrato de constitucionalidade de leis e atos normativos.

3. O PERFIL DECISÓRIO DO SUPREMO TRIBUNAL FEDERAL: DO OUTRO DESCONHECIDO A UMA JURISDIÇÃO CONSTITUCIONAL ABERTA ÀS COMPLEXIDADES COGNITIVAS

3.1. Fórmulas institucionais de abertura cognitiva da Corte: o acordo como solução que melhor se apresenta à construção de uma verdadeira comunidade aberta de intérpretes da Constituição

Como um produto da pós-modernidade, o Poder Judiciário também se encontra envolvo e submetido a múltiplos paradoxos autorreferentes. Seguramente, não é exagero afirmar que o Poder Judiciário sofre em razão da excessiva judicialização de todas as esferas da vida social, notadamente da judicialização de conflitos de natureza técnica e bioética cujas respostas estão muito além de sua capacidade epistemológica.

De um lado, excesso de judicialização. De outro, a incapacidade do código binário do lícito/ilícito de resolver questões que estão muito além de operações silogísticas de aplicação de regras ou mesmo hermenêutica de densificação de princípios constitucionais abertos mediante a adoção de técnicas interpretativas de ponderação.

Eis a encruzilhada na qual se encontra a cláusula constitucional da inafastabilidade da jurisdição (CF/88, art. 5º, XXXV), que, em sua essência, nada mais é do que uma vedação ao *non liquet* estatal. Quer dizer, ao mesmo tempo em que não cabe ao Estado escolher tal ou qual controvérsia apreciar, cabe a ele, Estado, prestar jurisdição para problemas que nem ele mesmo possui expertise para tanto, dado o caráter absolutamente técnico e específico do tema, distante da seara do Direito.

A preservação hegemônica do poder da Suprema Corte em temas que escaparam até mesmo ao legislador ordinário, e, o que dirá, dos constituintes originário e derivado, em um sistema *top down* leva, inevitavelmente, à hermenêutica de princípios, de juízo de ponderações – ponderação que anda de mãos dadas com o subjetivismo carregado de cargas ideológicas e conceitos próprios de vida dos julgadores - e ao final redundam em inovações nas ordens jurídica e social, e não propriamente na salvaguarda da Constituição às leis e atos normativos in (constitucionais) ou violações a princípios fundamentais. Recai-se, por óbvio, na expressão criada no Direito estadunidense e traduzida ao nosso vernáculo como *ativismo judicial*.

Em outro giro, até mesmo nos Estados Unidos, origem do famoso precedente *Marbury vs Madison* que inaugurou o controle de constitucionalidade, não raro se flerta com a alteração do número de integrantes da Corte, sempre quando o governo de plantão a considera como empecilho para a implementação de políticas públicas ou contrária à sua linha de princípios, ora tendo-a por demais liberal ou, ao revés, conservadora, como se viu na revisão do caso *Roe vs Wade* acerca do direito ao aborto, 50 anos após à sua prolação. Após o referido precedente, o próprio presidente americano, do partido democrata, Joe Biden chegou a falar em reforma do número de integrantes da Corte, tendo criado, em 2021, uma comissão para o estudo do tema[10].

Qual seria, então, a solução ideal que, a um só tempo, no âmbito exclusivo da jurisdição constitucional acomodasse as legítimas expectativas normativas dos jurisdicionados com uma prestação jurisdicional que promova uma verdadeira e efetiva pacificação social ao resolver a lide em sua

10 "Biden Creating Commission to Study Expanding the Supreme Court". https://www.nytimes.com/2021/04/09/us/politics/biden-supreme-court-packing.html

raiz mais essencial e, em outro giro, não enfrente reações para enfraquecê-lo? É certo que o papel da Corte, na defesa de direitos fundamentais, sempre enfrentou e enfrentará reações e críticas. Esse é o ônus do seu exercício. Todavia, quando se tem um parâmetro constitucional claro para a fundamentação de determinado posicionamento, a Constituição Federal é a principal blindagem de seus julgadores. Situação diversa, deveras, é quando se apega apenas à ponderação e aplicação de princípios normativamente genéricos para casos sem previsão constitucional, legal, ou de tal sorte novo e técnico que nem mesmo a sociedade o absorveu completamente.

Há algumas possíveis e distintas respostas a esta indagação. *Amicus curiae* e audiências públicas talvez sejam as mais festejadas fórmulas de democratização epistemológica e de participação social no seio do processo constitucional. Trata-se da institucionalização de mecanismos de abertura do processo decisório a uma comunidade aberta de intérpretes da Constituição.

Muito embora, em teoria, o discurso doutrinário seja o de que tais institutos promovem a democratização do processo decisório constitucional, na prática, estudos empíricos tem revelado, no caso específico das audiências públicas, que essa não tem sido a realidade, eis que tem se constituído em *"fontes de mais incerteza e imprecisão na tomada de decisão jurídica"* (Leal; Herdy; Massadas, 2018, p. 369) (destacou-se).

Em artigo específico, Fernando Leal, Rachel Herdy e Júlia Massadas, a partir da análise de 22 (vinte e duas) audiências públicas realizadas no âmbito do Supremo Tribunal Federal, anotam o seguinte:

> O instituto, que parece ter sido concebido para suprir carências epistêmicas dos ministros, reduziu-se a um foro em que

> convivem, em pé de igualdade e sem critérios claros de diferenciação, opiniões desinformadas com posições de especialistas. Com isso, sobra desorientação para a justificação epistêmica das decisões. Ademais, como os dados apresentados revelam, não há na prática critérios para a convocação de audiências públicas e para a definição de quem está habilitado para delas participar, há baixos níveis de interação e confronto entre os participantes, presença reduzida de ministros, baixa incorporação das audiências nas decisões dos ministros e usos das falas dos participantes nos votos como indícios de confirmações de crenças ou hipóteses preexistentes, o que tende a revelar uso míope ou estratégico. Dado o atual contexto, se, por um lado, é empiricamente incerto que as anunciadas vantagens trazidas pela compreensão democrática das audiências públicas se realizaram na prática, por outro, esses dez primeiros anos de funcionamento do instituto já trazem problemas suficientes para se questionar sua real utilidade (Leal; Herdy; Massadas, 2018, p. 367-368).

Quer dizer, embora em teoria as audiências públicas devessem representar um incremento de complexidade democrática e científica aos pronunciamentos emanados pela Suprema Corte, na prática há "*baixa incorporação das audiências nas decisões dos ministros e usos das falas dos participantes nos novos como indícios de confirmações de crenças ou hipóteses preexistentes*" (Leal; Herdy; Massadas, 2018, p. 367).

Como exemplo, cite-se o caso do Recurso Extraordinário 627.189/SP em que moradores de determinado bairro em São Paulo exigiam que a companhia de distribuição de energia promovesse o aterramento dos cabos elétricos, ao argumento de que a sua exposição traria riscos potencialmente cancerígenos.

O julgamento foi precedido de uma semana de audiências públicas, com representantes governamentais e especialistas renomados do Brasil e exterior que produziram um rico material acerca dos campos de energia e sua potencialidade de riscos à saúde, com ponderadas opiniões, para cada um dos lados.

Dos votos, todavia, não se vê indicação ou lastro nos argumentos técnicos exaustivamente debatidos. O que se extrai do acórdão é a análise do princípio da precaução, que no caso específico a Suprema Corte resolveu por mitigar com base na premissa histórica de um sistema que já existe há mais de 50 anos e sem evidência de doenças a ele relacionados. Prevaleceu, ainda, o argumento econômico, já que julgado em sede de repercussão-geral não apenas os moradores de determinado bairro em São Paulo seriam contemplados, mas sim todo o sistema elétrico teria de ser readaptado com custos bilionários ao governo e distribuidoras de energia. Não houve, pois, uma grande serventia de todas as audiências realizadas.

O mesmo se deu quando do julgamento do amianto crisotila e o seu respectivo banimento, porquanto, igualmente, potencialmente cancerígeno (ADI 3.356, ADI 3.357, ADI 3.937, ADI 3.406, ADI 3.470 e ADPF 109). Também foram realizadas audiências públicas e intervenções de *amicus curiae,* claramente interessados em defender as posições empresariais daqueles que perderiam o amianto como matéria prima e, de outro lado, os que não mais teriam a sua concorrência. Da leitura dos votos, viu-se, uma vez mais, uma grande preocupação com a possibilidade de contaminação pela dita substância química, e o que preponderou foi exatamente o princípio da precaução, afastado naquele outro precedente de transmissão de energia elétrica. Muito pouco foi utilizado das audiências públicas. Prevaleceu, por fim, a aplicação de um princípio jurídico, aberto e de carga altamente subjetiva, em detrimento de argumentos científicos.

Se nem sempre as audiências públicas efetivamente representam uma abertura procedimental de cariz democrático e científico ao processo de tomada de decisão por parte do Supremo Tribunal Federal, o mesmo racional crítico pode ser endereçado ao papel exercido pelo instituto do *amicus curiae*.

É que, não raro, os *amici curiae* só existem em processos que veiculam matérias constitucionalmente relevantes sob uma ótica meramente formal, sem que, concretamente, suas informações sejam analisadas e levadas em consideração. Por vezes, até o são, mas muito mais por um viés retórico do que propriamente por agregar informação cientificamente relevante ao fluxo informacional que compõe uma decisão judicial.

Há, ainda, um problema adicional consistente no próprio desvirtuamento do papel institucional do *amicus curiae*. Quando deveria atuar para munir a Suprema Corte de informações técnico-especializadas para pluralizar o debate constitucional e, sobretudo, contribuir na construção do processo decisório mais qualificado, no mais das vezes o *amicus curiae* acaba por figurar como amigo da parte, com interesse jurídico e econômico manifesto para o desfecho favorável em favor de determinada tese ou parte. Enfim, *amigos da corte* parciais, que advogam abertamente, sem a observância do seu real papel.

Tamanho o desvirtuamento do papel do *amicus curiae*, que no julgamento da Ação Direta de Inconstitucionalidade 5.553, relativa à isenção tributária de agrotóxicos, o Ministro Luiz Fux, com admirável franqueza afirmou: *"tem havido um uso promíscuo, vulgar, da figura do amicus curiae, porque o tribunal conhece o direito de ofício, em primeiro lugar, em segundo lugar a figura do amicus curiae veio para trazer a nós o conhecimento interdisciplinar."* E indaga pergunta ao presidente Ministro Luís Roberto Barroso *"hoje nós ouvimos quantos amici curiae?"* (Migalhas, 2024). E recebe como resposta:

> *"Uns oito...oito. Eu acho que onde há amici curiae automaticamente cessa a necessidade de se ouvir novamente aquilo que os eminentes expositores do tribunal trouxeram números, há documentos dentro dos autos sobre essas questões técnicas. Eu na verdade não estou indo contra o relator. Onde há audiência pública não há necessidade de amicus curiae, porque tudo o que tinham para falar já falaram na audiência. Eu só acho que nós precisamos corrigir um pouco a atuação dos amici curiae. Eles têm que chegar aqui não é para falar sobre o direito que os advogados já fizeram. É para falar sobre esses conhecimentos interdisciplinares* (Migalhas, 2024) (destacou-se).

Efetivamente, neutralidade discursiva ou científica não existe. Contudo, não se pode confundir a inexistência de neutralidade com o uso *político* da ciência para defender interesses de determinadas categorias de agentes econômicos. Existe, hoje, um claro desvirtuamento das audiências públicas e dos *amicus curiae* que não se apresentam ao debate, no plano da expertise científica, de forma isenta.

O acordo, em tal contexto, busca dar à Suprema Corte um instrumento que possa evitar uma decisão pouco segura, à mingua de maiores certezas científicas a respeito de dado tema, com a virtude de ser, essencialmente, temporário, passível de futuras adequações/modificações ou mesmo o seu desfazimento.

Com efeito, ao impor uma decisão vertical à comunidade política, supostamente lastreada em procedimentos abertos, o Supremo Tribunal Federal acaba por oferecer uma resposta constitucional virtualmente baseada em evidências científicas de um dado *Amicus* que, no fundo, nada mais é do que a exclusão de uma determinada posição em detrimento de outra, quiçá retoricamente melhor estruturada.

Em que pese a potencialidade dos institutos do *Amicus Curiae* e das audiências públicas na formação qualificada das decisões constitucionais, o fato é que a vivência de tais institutos tem revelado práticas que pouco ou nada robustecem efetivamente o capital epistêmico extrajurídico da Corte.

Sendo insuficientes tais instrumentos por meio dos quais a jurisdição constitucional pode – ou poderia – qualificar sua capacidade institucional/cognitiva e não democratizando efetivamente os seus canais de acesso à sociedade, remanesce hígida a indagação outrora lançada neste trabalho. A saber: qual seria, então, a solução ideal que, a um só tempo, no âmbito exclusivo da jurisdição constitucional do Supremo Tribunal Federal, acomodasse as legítimas expectativas normativas dos jurisdicionados com uma prestação jurisdicional que promova uma verdadeira e efetiva pacificação social ao resolver a lide em sua raiz mais essencial?

A resposta que nos parece mais adequada, inegavelmente, é a adoção do acordo ou da transação como solução negociada entre as próprias partes na busca de uma ou algumas possíveis respostas constitucionais para os problemas que lhes acomete. O acordo parece ser a mais genuína expressão de comunidade aberta dos intérpretes da Constituição, ainda que conjugada com as audiências públicas.

3.2. O acordo como sistema adequado de solução de controvérsias: perspectiva geral e seus benefícios para a jurisdição em sentido amplo.

Métodos alternativos de resolução de conflitos, sistema de justiça multiportas (*multi-door Courthouse*) ou métodos adequados de resolução de litígios são variações conceituais, à luz de paradigmas doutrinários próprios vigentes em um determinado tempo, de uma mesma ideia: há outras e qualificadas formas de pacificação de conflitos de interesse que não apenas a adjudicação.

É dizer, o sistema de jurisdição estatal de pacificação de controvérsias via juízes togados e dotados de um capital intelectual eminentemente jurídico é apenas um dentre variados métodos existentes. Todavia, apesar disso, como há muito advertiu Kazuo Watanabe a partir de reflexões lançadas inicialmente por Ada Pellegrini Grinover:

> A mentalidade predominante, não somente entre os profissionais do direito, como também entre os próprios jurisdicionados, é a que vê na sentença a forma mais sublime e correta de se fazer justiça, considerando os chamados meios alternativos de solução de conflitos – como mediação, conciliação, arbitragem e outros -, formas atrasadas e próprias de povos pouco civilizados (Watanabe, 2012, p. 87).

É que, embora em menor escala na contemporaneidade, por muito tempo vigeu a compreensão no imaginário social, inclusive dos operadores do Direito, de que os ditos "métodos alternativos de solução de conflitos" são essencialmente menos qualificados ou estão em um estágio evolutivo mais atrasado em relação à jurisdição estatal clássica. Ou, na melhor das hipóteses, de que tais sistemas são apenas uma via *alternativa* adicional à adjudicação estatal. Há, mesmo, um viés de preconceito ou de somenos importância na utilização de tal ferramenta.

No entanto, a verdade é que há conflitos cuja complexidade temática e intersubjetiva que o envolve, especialmente no atual contexto pós-moderno de sociedades plurais e descentralizadas, reclamam resolução via outros métodos e sistemas que não o estatal.

Em palavras claras, por vezes o sistema de justiça estatal orientado ontologicamente por juízes togados e versados em questões eminentemente jurídicas é o método menos adequado para a pacificação de controvérsias. No ponto, Kazuo Watanabe uma vez mais anota:

> Sabemos, no entanto, por experiência própria, que há conflitos de interesses que, em razão de sua natureza peculiar e das particularidades das pessoas envolvidas, exigem soluções diferenciadas, muitas vezes bem diversas das que decorreriam da pura aplicação de uma norma jurídica aos fatos, da solução pelo critério do "certo ou errado", "do tudo ou nada", "do branco ou preto", que é a data pelo método da solução adjudicada pela autoridade estatal (Watanabe, 2012, p. 88).

E, por que, então, um modelo de decisão adjudicatória lastreada no "tudo ou nada", ou mesmo em um modelo principiológico abstrato, mas sempre calcado no papel protagonista do Juiz Hércules, não é capaz de solver tais peculiares conflitos de interesses?

Porque certamente, e como dito alhures, há múltiplos conflitos de interesse cuja resolução material envolve conhecimentos extrajurídicos para além do código jurídico binário do lícito/ilícito. Há incremento de complexidade epistemológica nas lides contemporâneas que o sistema adjudicatório/decisório do Direito é incapaz de resolver. O Direito, quando muito, é mera regulação procedimental de um problema cuja solução material envolve conhecimentos técnico-especializados que lhe escapam largamente. Daí a fala do professor Kazuo Watanabe (2012) a propósito da insuficiência da jurisdição estatal – *i.e.* da Jurisdição Constitucional -- para a construção de soluções adequadas para corrigir interesses em rota de colisão.

Implicitamente às palavras do professor Kazuo Watanabe há uma compreensão filosófica de bases mais profundas no sentido que não raro, na contemporaneidade, é insuficiente um modelo autopoiético que vige desde Hans Kelsen segundo o qual o Direito figura como fundamento de validade do próprio Direito. Afinal, consoante aponta Georges Abboud (2021, p. 497), "a decisão judicial não tem estrutura suficiente para conseguir lidar com determinados temas porque o próprio direito materializado não contém o conhecimento necessário para construção da decisão". E a sugestão à superação desse problema pós-moderno é fornecida pelo autor a partir de duas sugestões:

> Perante esse dilema há dois caminhos: a) o primeiro é resgatar uma visão de *self-restraint* e afirmar a impossibilidade de a Jurisdição Constitucional sequer autorizar a judicialização desses temas complexos justamente por demandarem conhecimentos metajurídicos; e b) reconhecer a insuficiência do paradigma da decisão para algumas questões contemporâneas e buscar fornecer subsídios para um novo modelo que confira à jurisdição constitucional novos mecanismos, para além da decisão tradicional, para lidar com a complexidade contemporânea (Abboud, 2021, p. 497).

Parece-nos, particularmente, que o segundo caminho é o mais consentâneo e afinado à cláusula constitucional da inafastabilidade da jurisdição (CF/88, art. 5º, XXXV). Qual seria, então, a fórmula inovadora possível "que confira à jurisdição constitucional novos mecanismos, para além da decisão tradicional, para lidar com a complexidade contemporânea"?

Sem dúvida, é o acordo, a conciliação, a mediação, a transação ou qualquer outro nome que se pretenda conferir à tentativa das próprias partes de construírem intersubjetivamente a resposta que melhor regulará, sob um prisma técnico-científico, os seus interesses, tendo a autoridade do Supremo Tribunal Federal como chancela e garantia de efetivação do quanto pactuado.

De certo, *amicus curiae*, audiências públicas, dentre outros, são mecanismos fundamentais na democratização do processo constitucional e da própria jurisdição estatal em sentido amplo porque possuem o condão de trazer, para dentro do processo, uma visão científica e pretensamente desinteressada das paixões que movem a causa para aportar, também ao processo, um aspecto técnico que poderá qualificar o mérito da decisão a ser proferida.

Todavia, como aqui se aludiu alhures, nem sempre o julgador ou uma determinada Corte acolhe genuinamente as contribuições técnico-especializadas aportadas por um terceiro versado a respeito de um determinado tema específico que escapa ao código do Direito.

Por vezes, os Tribunais pinçam, sem maiores critérios científicos, uma informação técnica para justificar fundamentadamente a sua compreensão. Quer dizer, por vezes uma informação técnica é utilizada mais como artifício retórico para justificar uma dada peculiar orientação de sentido do que para realmente tentar resolver uma controvérsia à luz do melhor estado da arte científica. Trata-se de uma pretensa comunidade aberta de intérpretes do Direito e da Constituição, em se tratando de jurisdição constitucional neste último caso.

Por que, então, seria o acordo a melhor forma de, a um só tempo, melhor pluralizar/democratizar o processo e, sobretudo, de permitir a construção de decisões mais qualificadas sob uma ótica técnico-científica ou mesmo política?

Porque não é um terceiro, imbuído de algum grau de autoridade e distanciamento frente às partes, que sequer conhece o problema em sua raiz mais profunda ou mesmo conhece os meandros técnico-científicos da querela, quem dará a última palavra sobre a melhor solução para o caso.

São as próprias partes, por intermédio da conciliação ou mediação, a depender da hipótese, quem construirão coletiva e intersubjetivamente a melhor e mais qualificada solução para os seus problemas. Não há um terceiro oferecendo, de cima para baixo, verticalmente, uma decisão que pode desagradar a todos e aprofundar ainda mais a situação do litígio. O acordo, deveras, não resolve litígios, mas sim equaliza interesses.

A um só tempo, especialmente no plano geral da jurisdição, dentre outros:

a) o acordo promove ganhos de eficiência econômica, porque reduz um custo elevado com a litigiosidade, seja para o Estado, seja para as próprias partes;

b) reduz o ônus do tempo na solução das controvérsias, eis que as partes não ficam indefinidamente submetidas às agruras do Poder Judiciário assoberbado de processos;

c) a solução do litígio não fica submetida ao grave problema da insegurança jurídica que paira no Brasil, na medida em que serão as próprias partes quem, mediante concessões mútuas, construirão o conteúdo da decisão que regulará aspectos conflituosos de suas vidas. Quer dizer, as partes não ficarão submetidas ao arbítrio de decisões construídas ao largo dos aspectos verdadeiramente adequados da causa;

d) ao transigirem as partes são, necessariamente, obrigadas a se reconciliar e a reatar os laços de boa convivência e fraternidade que foi quebrado pelo litígio. Isto é, o conflito tem uma potencialidade maior de ser resolvido em seu âmago, porque as partes devem, necessariamente, dialogar entre si e construir uma solução conjunta para o problema. Quando um terceiro, alheio ao problema, arbitra uma solução verticalmente, esta pode acirrar ainda mais os ânimos e agravar o estado de litigiosidade existente entre as partes; o acordo não soluciona apenas o conflito, mas sim equaliza os interesses, resolvendo o problema em sua raiz.

e) e, nesta ordem de ideias, a desobstrução do Poder Judiciário é só uma consequência da redução da litigiosidade perante o Estado.

Variados, portanto, os ganhos de eficiência promovidos pelo acordo em detrimento do método clássico de adjudicação de controvérsias. Não se quer dizer, com isso, que o acordo seja a solução para todos os problemas da morosidade e do excesso de demandas que atualmente acometem o Poder Judiciário brasileiro.

Tampouco seria responsável ou cientificamente correto afirmar que o acordo, via mediação ou conciliação, é o método resolutivo de lides mais adequado em toda e qualquer hipótese. Se é verdadeira a premissa segundo a qual o acordo funciona como a melhor saída para a resolução de determinados conflitos, para outros, talvez a jurisdição estatal seja a forma que melhor acomode expectativas normativas conflitantes.

O certo é que, ao contrário da compreensão que há muito vigorava no imaginário social, o acordo ou os métodos adequados de resolução de controvérsias não são menores ou inferiores às decisões proferidas pela jurisdição estatal. Aliás, a própria ideia de 'métodos adequados de resolução de conflitos' já representa, por si, uma ressignificação contemporânea desse falso mito que até então existia.

Em termos práticos, pouco a pouco uma racionalidade voltada à promoção do acordo não apenas como alternativa à adjudicação estatal, mas como método mais adequado que precede a própria judicialização dos conflitos tem sido engendrada de *lege ferenda* no Brasil.

Assim tem sido desde há pouco mais de uma década. O primeiro grande passo normativo nesse sentido foi a edição, pelo Conselho Nacional de Justiça (CNJ), da Resolução 125/2010, que "dispõe sobre a Política Judiciária Nacional de tratamento adequado dos conflitos de interesses no âmbito do Poder Judiciário".

Interessante notar, já nos "considerandos" da Resolução 125/2010, a ressignificação da semântica do conceito constitucional de acesso à justiça:

> **CONSIDERANDO** que o direito de acesso à Justiça, previsto no art. 5º, XXXV, da Constituição Federal além da vertente formal perante os órgãos judiciários, implica acesso à ordem jurídica justa;
>
> **CONSIDERANDO** que, por isso, cabe ao Judiciário estabelecer política pública de tratamento adequado dos problemas jurídicos e dos conflitos de interesses, que ocorrem em larga e crescente escala na sociedade, de forma a organizar, em âmbito nacional, não somente os serviços prestados nos processos judiciais, como também os que possam sê-lo mediante outros mecanismos de solução de conflitos, em especial os consensuais, como a mediação e conciliação;
>
> **CONSIDERANDO** a necessidade de se consolidar uma política pública permanente de incentivo e aperfeiçoamento dos mecanismos consensuais de solução de litígios [...] (Brasil, 2010).

Veja-se, neste particular, que acesso à justiça como corolário da inafastabilidade da jurisdição (CF/88, art. 5º, XXXV) é ressignificado pelo próprio Estado quando diz textualmente que acesso à justiça não é necessariamente sinônimo de adjudicatura estatal.

Ao contrário, vêm do próprio Estado, notadamente de um órgão administrativo do Poder Judiciário, a ideia de que acesso à justiça não é apenas ao juízo togado, mas, sim, direito a uma ordem jurídica justa e tempestiva construída a partir de métodos nos quais são as próprias partes as protagonistas da sorte de seus litígios. Métodos que não o estatal de resolução de conflitos, portanto, tornaram-se desde

2010 uma política pública. Daí emergem os Centros Judiciários de Conflitos espalhados entre os Tribunais brasileiros.

A conciliação e a mediação, como instrumentos nos quais as próprias partes podem alcançar a resolução de suas controvérsias, têm o condão de desatar os nós criados pelo litígio e reintegrar a harmonia entre as partes.

São elas, as partes, mediante seus respectivos capitais epistêmicos próprios, quem melhor saberão onde podem ceder e o que podem oferecer para melhor reconstruírem, entre si, os laços que as unem e que foram abalados pelo conflito. O mediador ou o conciliador, nesta hipótese, funciona como mero árbitro de interesses que possui a singela função de estabelecer as condições procedimentais de possibilidade para que as próprias partes construam a solução material que melhor regerá suas vidas.

Verdade seja dita, mesmo litígios multitudinários entre pessoas físicas e jurídicas possuem, por vezes, a aptidão de melhor ser resolvidos na via da transação, da solução negociada.

Afinal, somente elas próprias são sabedoras das condições técnicas e às vezes mesmo científicas – ou políticas -- de problemas que nada possuem de jurídico. Delegar a sorte de um problema a um terceiro detentor de capital epistemológico meramente jurídico para problemas metajurídicos pode desencadear uma desarmonia sistêmica e aprofundar ainda mais o problema.

Nem se diga que é possível, à luz de informações técnico-especializadas aportadas por terceiros (*v.g. amicus curiae*), uma espécie de Juiz Hércules, na expressão cunhada por Ronald Dworkin, oferecer uma única resposta correta ao litígio. Não é demais relembrar que Dworkin definia o juiz Hércules para defender a **ideia de que o Direito é mais do que um conjunto de regras.**

Para ele, o Direito também é composto por princípios, que são normas que orientam a decisão judicial em casos difíceis. O juiz Hércules, portanto, representa o ideal de um juiz que busca **"encontrar a melhor resposta possível para um caso difícil, à luz dos princípios e valores da comunidade" (Dworkin, 1977, p. 22-23).** Os valores da comunidade a que alude Dworkin, todavia, mudam em velocidade frenética, impedindo que mesmo os princípios gerais possam lhes dar uma resposta efetiva.

É que, para um leigo em problemas outros de natureza técnica diversa, a escolha por uma dada opção científica em detrimento de outra é, no limite, uma espécie de escolha um tanto quanto arbitrária e justificadora de uma posição particular própria. Sem contar que, não raro, não há uma única solução para determinado problema. Há múltiplas, diversas e mesmo divergentes entre si.

Definitivamente, uma decisão datada no tempo e no espaço não é capaz de abarcar o universo de possibilidades fáticas, técnicas, políticas e científicas que determinados conflitos possuem em seu âmago. Só mesmo as partes, mediante o estabelecimento de condições procedimentais próprias que viabilizem uma transação em bases seguras, podem reencontrar a paz social por si mesmas.

Enfim, o fato é que iniciada a pavimentação dos caminhos da transação a partir da Resolução 125/2010, do CNJ, uma série de outros atos foram adotados para a fortificação das vias de resolução dos métodos consensuais de resolução de controvérsias.

O Código de Processo Civil de 2015 talvez seja a maior demonstração normativa e o ponto alto de um longo processo iniciado ainda em 2010 no sentido de que a adoção do acordo e da transação negociada são as melhores formas de resolução de controvérsias. Consoante anotam os professores Luiz Guilherme Marinoni, Sérgio Cruz Arenhart e Daniel Mitidiero (2015, p. 359), "o novo CPC, ao invés de estimular uma cultura do litígio e da sua heterocomposição, procura fomentar a cultura do diálogo e da sua autocomposição". E complementam:

> "Isso porque, em vez de desenhar um procedimento em que a primeira participação do réu é uma participação litigiosa (oferecimento de defesa mediante contestação), engendrou um procedimento em que a sua primeira participação no processo é uma participação voltada para o diálogo, na medida em que o réu é citado para comparecer a uma audiência voltada para a conciliação (art. 334), que poderá inclusive desembocar em uma tentativa de mediação do litígio por conciliadores e mediadores especializados (arts. 165 a 175) (Marinoni; Arenhart; Mitidiero, 2015, p. 359).

Tão deferente às soluções negociadas foi o legislador processual de 2015 que, mesmo se decidirem as partes litigarem no âmbito do procedimento comum, abre-se a possibilidade de celebração de um negócio jurídico-processual (CPC, art. 190). A *mens legislatoris* que permeou a edição do dispositivo reside na circunstância segundo a qual o Juízo deixa de ser o elemento central de condução do processo para trabalhar cooperativamente com os demais sujeitos litigantes (CPC, art. 6º).

Trata-se de verdadeira norma procedimental aberta para a tutela efetiva e tempestiva dos direitos, mediante a qual o legislador permitiu tanto ao Juízo, quanto às partes, adequar o procedimento e promover diversos arranjos na condução do processo para torná-lo mais consentâneo à tutela jurídica perseguida pelos litigantes. De acordo como Relatório elaborado pelo relator da matéria na Comissão Especial na Câmara dos Deputados, Deputado Paulo Teixeira:

> Uma das principais inovações que este relatório traz para o projeto é a consagração expressa do acordo de procedimento e do calendário processual, na linha do que vem fazendo códigos europeus – tudo em conformidade, obviamente, com a realidade brasileira. O dispositivo proposto segue o modelo de direito processual estabelecido pelo projeto: o processo colaborativo, como indicam as normas fundamentais e as diversas regras de colaboração existentes ao longo do texto (Brasil, 2012, p. 29).

Veja-se, portanto, que mesmo quando litigam, o Código de Processo Civil estimula as partes, de algum modo, a dialogarem. Se não compuserem a respeito do direito material em disputa, ao menos no plano procedimental podem, livremente e desde que respeitadas as normas de ordem pública, transigirem a respeito do modo e a forma como o processo se desenvolverá. Pois, ainda que o acordo ou o negócio jurídico processual não se concretizem, as partes e o próprio juiz terão uma causa já debatida previamente, madura, com a visão exata de suas fragilidades e virtudes, o que sobremaneira facilitará a condução e julgamento do processo.

Diálogo, cooperação, primazia do mérito nas resoluções de disputas e tutela adequada e tempestiva são a tônica do discurso normativo da pós-modernidade brasileira. É amplamente estimulado pelo próprio Estado, há pelo menos uma década, a utilização do acordo e das soluções negociadas no âmbito da jurisdição ordinária.

Basta saber, no entanto, como tem se comportado, no plano teórico e prático, a jurisdição constitucional do Supremo Tribunal Federal relativamente às soluções negociadas, notadamente no âmbito das ações de controle concentrado de constitucionalidade, mecanismos processuais quer permitem a Corte atuar efetivamente como um Tribunal Constitucional vocacionado à tutela de direitos fundamentais.

3.3. O acordo na jurisdição constitucional do Supremo Tribunal Federal: a perspectiva teórico-dogmática

Aliomar Baleeiro, em 1968, descreveu o Supremo Tribunal Federal como aquele "Outro Desconhecido", no sentido de uma instituição ainda tímida, de pouca atuação efetiva nos rumos da vida nacional.

Se até meados de 2004 o Supremo Tribunal Federal pouco ou nada decidia sobre temas de direitos fundamentais e questões complexas que transbordam dos limites sistêmicos e cognitivos do próprio subsistema do Direito, a Corte foi cada vez mais decidindo sobre questões a princípio indecidíveis em razão de sua elevada complexidade.

Assim o foi no caso Ellwanger (HC 82.424), primeiro caso tipicamente de direitos fundamentais julgado pelo Supremo, em 2004, e que deu início a um perfil, à Corte, de Tribunal Constitucional, posteriormente chamado de ativista por alguns, e altivista, por outros; na ADI 3.510, que discutia a constitucionalidade de pesquisa científica e terapêutica com células-tronco embrionárias; na ADPF 54, processo mediante o qual o Supremo descriminalizou a interrupção da gravidez de fetos anencéfalos; na Medida Cautelar na ADPF 347, mediante a qual o Supremo, pela primeira vez, a partir de uma decisão de caráter estrutural, declarou um estado de coisas inconstitucional, no caso, no bojo do sistema penitenciário; na ADPF 760, na qual o Supremo declarou o estado de coisas inconstitucional relativamente ao meio ambiente; na ADPF 476, na qual o Supremo, declarando o estado de coisas inconstitucional das pessoas em situação de rua, proibiu a remoção forçada de tais cidadãos; no RE 1.017.365, que veicula o Tema 1.031 da sistemática da repercussão geral, no qual o Supremo declarou inconstitucional a tese do marco temporal para a demarcação de terras indígenas; na recentíssima ADPF 442, mediante a qual o Supremo, aqui considerada isoladamente a Min. Rosa Weber, descriminalizou o aborto praticado nas 12 (doze) primeiras semanas de gestação, independente do motivo; no RE 635.659, no qual o Supremo permitiu, mediante descriminalização, o porte de determinada quantidade de maconha para consumo próprio; na ADO 26, na qual o Supremo enquadrou a homofobia e a transfobia como crimes de racismo, dentre outros.

O fato é que o Supremo Tribunal Federal cresceu, expandiu-se e sobre todas as searas de vida social se imiscui e emite um juízo valorativo, sendo, por vezes, rotulado como ativista.

De vaquejada às rinhas de galo (ADIs 2.514, 3.776 e 1.856), passando por Lei de Biossegurança (ADI 3.526), descriminalização de aborto (RE 635.659) à bloqueio de aplicativos de mensagens por decisão judicial na rede mundial de computadores (ADI 5.527) no contexto da virtualização da vida privada na atual pós-modernidade, o Supremo Tribunal Federal tem decidido sobre todos os pormenores da vida social do país.

Basta saber, no entanto, como tem procedido a Corte em relação ao arbitramento de soluções para tais casos.

No mais das vezes, especialmente para questões tão complexas e alheias ao próprio Direito, o Supremo Tribunal Federal tem decidido com base em princípios constitucionais gerais abstratos, na medida em que o tradicional modelo de regras aplicáveis no tudo ou nada não tem fornecido respostas hermeneuticamente adequadas e prontas aos problemas que aportam diariamente às portas da Corte.

Fórmulas decisórias tais como proporcionalidade (adequação, necessidade e proporcionalidade em sentido estrito) têm sido utilizadas como suposto vetor objetivo de resolução de conflitos em torno de direitos fundamentais não raro conflitantes. Audiências públicas e admissões de *amicus curiae* têm igualmente sido utilizados como mecanismos de pretensa abertura cognitiva do processo a uma comunidade qualificada de intérpretes da Constituição. Comunidade essa que fornece subsídios técnicos e científicos à Corte, suposta e pretensamente isentos de uma carga axiológica, e que na prática são pouco utilizados nas decisões.

A jurisdição constitucional, pois, flerta com o poder da última palavra, com o famoso "direito de errar por último" e, por vezes, sem ouvir os demais atores políticos e sociais. O filósofo e matemático Lewis Carroll, conhecido pela sua famosa obra *Alice no País das Maravilhas* e *Alice através do espelho* (2020), em forma de fábula bem reproduziu os problemas decorrentes da hermenêutica concentrada, fechada em seu próprio código linguístico, em trecho que vale transcrever pela pertinência:

> "Quando uso uma palavra", Humpty Dumpty disse em tom bastante desdenhoso, "isto significa só o que eu escolhi que ela significasse – nem mais nem menos."
> "A questão é", disse Alice, "se você pode fazer as palavras significarem tantas coisas diferentes."
> "A questão é", disse Humpty Dumpty, "quem é que manda – isto é tudo" (Carroll, 2020, p. 88).

A fábula, filosófica, diz muito com as Cortes constitucionais do nosso tempo. O poder de dizer o significado das palavras, concentrado na jurisdição constitucional, está findando por gerar a contestação de sua própria legitimidade decisória.

Com efeito, a expansão da jurisdição constitucional na atualidade tem gerados fortes críticas e reações da sociedade civil e de outros poderes, notadamente do Poder

Legislativo. Sinal maior desse fator são as recentes reações do Senado Federal.

Apresentação de Proposta de Emenda à Constituição (PEC) para proibir o porte de qualquer quantidade de drogas para consumo próprio, projetos de lei para criminalizar o aborto são apenas alguns sinais da reação do Congresso Nacional à pretensa interferência da jurisdição constitucional em termas que, em regra, deveriam ser resolvidos pela soberania popular do voto.

A linguística, ditada pela interpretação de quem tem o *munus* da última interpretação, pode até mesmo gerar o temido efeito *backlash*, ou a reação da maioria, no âmbito legislativo ou mesmo popular.

No Brasil, em sua história atual, o *backlash* legislativo começa mesmo a tomar contornos de crise institucional. No caso do marco temporal das terras indígenas, julgado no recurso extraordinário 1.017.365/SC, de relatoria do Ministro Luiz Edson Fachin, em que o Supremo Tribunal Federal rejeitou o marco temporal, que defendia que os direitos dos povos indígenas às suas terras seriam reconhecidos apenas se estivessem ocupando as terras ou em disputa direta por elas na data de promulgação da Constituição de 1988. Na decisão, o Supremo Tribunal Federal, por maioria, entendeu que essa interpretação é inconstitucional, decidindo que os direitos territoriais indígenas não podem ser limitados por essa data. A decisão foi baseada na compreensão de que muitos povos indígenas foram expulsos de suas terras antes de 1988, muitas vezes por força ou por outras circunstâncias coercitivas, e que, portanto, a aplicação do marco temporal desconsideraria a realidade histórica de violência e deslocamento sofrida por esses povos.

Em face de tal decisão, o congresso nacional reagiu rapidamente, fazendo aprovar a Lei 10.471/2023 que, em linha oposta ao Supremo, estabeleceu o marco temporal de outubro de 1988 para o reconhecimento das terras indígenas. A reação foi de tal maneira forte, que até mesmo o veto do presidente da República, contrário ao marco, foi derrubado. Já a ofensiva contra a lei, por parte dos defensores dos direitos indígenas, por óbvio, não poderia ter sido outra. Uma nova propositura, no Supremo Tribunal Federal, da Ação Direta de Inconstitucionalidade 7.583. E aqui, o mais interessante, ao corroborar a premissa do presente trabalho: distribuído o feito ao Ministro Gilmar Mendes, sua excelência formou uma comissão de tentativa de autocomposição, para fins de acordo, como única forma de buscar um equilíbrio entre indígenas, proprietários de terras rurais e, acima de tudo, não agravar ainda mais o embate com o Legislativo. Deveras, e, quiçá, o acordo tivesse sido buscado desde o primeiro instante em tema de tamanha grandeza e com fortes e irrefutáveis argumentos de cada um dos lados, não estaríamos diante de um *backlash*.

Cabe ressaltar que o efeito *backlash* nada mais é do que uma reação conservadora de determinadas forças políticas, notadamente do Poder Legislativo, contra decisões ativistas do Poder Judiciário em termas sensíveis de direitos fundamentais ou mesmo de equilíbrio entre os poderes. Eis o que anota George Marmelstein (2016, n.p) a esse respeito:

> (1) Em uma matéria que divide a opinião pública, o Judiciário profere uma decisão liberal, assumindo uma posição de vanguarda na defesa dos direitos fundamentais. (2) Como a consciência social ainda não está bem consolidada, a decisão judicial é bombardeada com discursos conservadores inflamados, recheados de falácias com forte apelo emocional. (3) A crítica massiva e politicamente orquestrada à decisão judicial acarreta uma mudança na opinião pública, capaz de influenciar as escolhas eleitorais de grande parcela da

> população. (4) Com isso, os candidatos que aderem ao discurso conservador costumam conquistar maior espaço político, sendo, muitas vezes, campeões de votos. (5) Ao vencer as eleições e assumir o controle do poder político, o grupo conservador consegue aprovar leis e outras medidas que correspondam à sua visão de mundo. (6) Como o poder político também influencia a composição do Judiciário, já que os membros dos órgãos de cúpula são indicados politicamente, abre-se um espaço para mudança de entendimento dentro do próprio poder judicial. (7) Ao fim e ao cabo, pode haver um retrocesso jurídico capaz de criar uma situação normativa ainda pior do que a que havia antes da decisão judicial, prejudicando os grupos que, supostamente, seriam beneficiados com aquela decisão.

Inegavelmente, a atuação jurisdicional do Supremo Tribunal Federal tem sido objeto de profundos questionamentos e tem gerado reações até mesmo de cariz criminoso de certos setores radicais da sociedade (vide atos de vandalismo de 8 de janeiro de 2022). Eis, portanto, o cenário perfeito da crise do paradigma decisionista. De algum modo, a soma de todas as reações sociais ao Supremo Tribunal Federal traduz a crise de um modelo ativista e excessivamente decisionista da Corte.

Consoante já se disse alhures, "a decisão judicial não tem estrutura suficiente para conseguir lidar com determinados temas porque o próprio direito materializado não contém o conhecimento necessário para construção da decisão" (Abboud, 2021, p. 497).

Uma vez mais, o paradoxo autorreferente: como o Supremo Tribunal Federal adotará uma postura minimalista, de autocontenção (*judicial self-restraint*), a respeito de temas controversos de direitos fundamentais e, sobretudo, que escapam à sua expertise meramente jurídica, se a todo momento o próprio Supremo Tribunal Federal é obrigado a decidir sobre todo e qualquer tema em razão da vedação, em nosso sistema, ao *non liquet*?

À semelhança da jurisdição ordinária, o acordo ou as soluções negociadas parecem ser uma das melhores, dentre outras possíveis, ferramentas à disposição do Supremo. Todavia, diversamente da jurisdição ordinária, há uma dificuldade adicional em se tratando de acordo no âmbito da jurisdição constitucional do Supremo Tribunal Federal.

É que, classicamente, em ações de fiscalização abstrata de constitucionalidade, é vedada a possibilidade de se transacionar porque não se discute direitos subjetivos nestes instrumentos processuais. Antes, o que se tutela é a *força normativa da Constituição* objetivamente considerada, cujo eventual acordo a respeito é absolutamente inviável em razão da indisponibilidade do interesse público primário que permeia as disposições constitucionais. Veja-se:

> Faz-se atuar a jurisdição com o objetivo de tutelar não direitos subjetivos, mas sim a própria ordem constitucional, o que se dá mediante solução de controvérsias a respeito da legitimidade da norma jurídica abstratamente considerada, independentemente da sua incidência em específicos suportes fáticos. Aqui, portanto, o processo é objetivo. Nele não figuram partes, no sentido estritamente processual, mas entes legitimados a atuar institucionalmente, sem outro interesse que não o da preservação do sistema de direito (Zavascki, 2011, p. 1298).

A propósito, o professor Saul Tourinho Leal suscita, em texto doutrinário específico, as seguintes indagações a partir deste diagnóstico:

> Alguma polêmica envolve a possibilidade de realização de mediação ou conciliação em ações que integram o controle concentrado de constitucionalidade. Seria possível uma conciliação no bojo de uma ação cuja pretensão é a manutenção da força normativa da Constituição? Numa ação na qual não

> há propriamente partes? Quem pode renunciar a quaisquer direitos se se trata, em verdade, de uma tese submetida à jurisdição constitucional buscando a preservação da Constituição? Há conciliação possível quanto à constitucionalidade de um dispositivo legal? (Leal, 2022, p. 320).

De fato, partes e interesses subjetivos imediatos inexistem, a rigor, em processos de fiscalização abstrata de constitucionalidade (ADI, ADC, ADPF, ADO). No entanto, sempre há um interesse social difuso subjacente a toda e qualquer ação de constitucionalidade, especialmente no âmbito da ADPF, que não visa meramente a compatibilidade formal e/ou material de uma norma com a Constituição, mas se discute efetivamente um *tema* jurídico-constitucional. É dizer, qualquer ato do Poder Público tendente a colocar em risco ou que tenha violado um preceito fundamental (art. 1º, *caput*, da Lei 9.882/99).

Seu escopo para o exercício do controle de constitucionalidade, pelo Supremo Tribunal Federal, é deveras amplo e permite a Corte ir além de meramente verificar uma relação entre texto e texto. Diversamente, permite a Corte avaliar, de modo mais acentuado, texto e contexto.

Basta ver que em temas controversos de direitos fundamentais, envolvam eles desacordos morais ou não, há uma multiplicidade de opiniões sociais, políticas e técnico-científicas em confronto. Aborto, *fake news*, suspensão de redes sociais por decisão judicial, porte de drogas, lei de biossegurança etc., são todos temas que envolvem acirrados debates sociais precisamente porque impactam sobremaneira uma pluralidade indivisa de pessoas. Há, inegavelmente, interesses fáticos em conflito e sem solução jurídica objetivamente prevista no ordenamento, salvante a aplicação de princípios polissemânticos. Aliás, há muito o Ministro Gilmar Mendes, em sede doutrinária, acentuou que:

> não há como negar a 'comunicação entre norma e fato' *(Kommunikation zwischen Norm undSachverhalt)*, que, como ressaltado, constitui condição da própria interpretação constitucional. É que o processo de conhecimento aqui envolve a investigação integrada de elementos fáticos e jurídicos (Mendes, 2000, n.p).

Se há interesses conflitantes, evidentemente que há possibilidade de acordo e de adoção de soluções negociadas. Aliás, soluções negociadas, especialmente para temas nos quais a Corte não tem expertise técnica para resolver, parecem ser a melhor forma de acomodar expectativas normativas com a melhor decisão sob o ponto de vista da técnica científica e para uma melhor aceitação social. E assim tem sido na prática contemporânea do Supremo Tribunal Federal há algum tempo, desde pelo menos a homologação do acordo celebrado no bojo da ADPF 165, que veiculou o problema nacional dos planos econômicos.

3.4. O acordo na jurisdição constitucional do Supremo Tribunal Federal: a virada hermenêutica promovida pelo STF a partir da homologação do acordo celebrado na ADPF 165/DF. Início da incorporação de uma razão procedural à jurisprudência do Supremo e o germe da mudança do perfil decisório da Corte

Na homologação do paradigmático acordo celebrado no âmbito da Arguição de Descumprimento de Preceito Fundamental 165/DF, o Ministro Alexandre de Moraes asseverou que "por isso, com o bem fundamentado voto do Ministro Lewandowski, eu diria que é um marco não só na questão da resolução como um todo de conflitos coletivos, mas é um marco no Plenário do Supremo Tribunal Federal" (Brasil, 2018, p. 29). E complementou Sua Excelência:

> É a possibilidade, obviamente em obtendo maioria nesta assentada, de verificarmos *um novo método, inclusive de jurisdição constitucional, para que se chegue à finalidade pretendida pelas ações concentradas e pela própria Justiça, que é a resolução mais rápida dos conflitos* (Brasil, 2018, p. 29) (destacou-se).

Nessa mesma direção, registrando a virada hermenêutica e paradigmática que, a partir daquele momento, a Corte passava a adotar a respeito do cabimento de soluções negociadas em sede de ação de controle abstrato de constitucionalidade, o Ministro Gilmar Mendes anotou que "se trata de uma engenharia processual extremamente interessante, já vimos isso a partir do relato que nos trouxe o douto relator, Ministro Ricardo Lewandowski, em uma ação de caráter objetivo" (Brasil, 2018, p. 34).

Adicionalmente, o Ministro Marco Aurélio pontuou o seguinte: "Estamos nos defrontando com a matéria pela vez primeira no Colegiado. E concluiu o Relator e os Colegas que o acompanharam pela validade, pela possibilidade, no campo formal e no das consequências, da homologação desse acordo" (Brasil, 2018, p. 36).

Os efusivos e reiterados registros entre os Ministros do Supremo Tribunal Federal a propósito da realização do acordo em um processo de índole objetiva não se deram, absolutamente, à guisa de discurso retórico. É que, até então, havia cristalizada uma compreensão, notadamente em sede doutrinária, segundo a qual se afigurava absolutamente incabível a realização de acordos em sede de controle concentrado de constitucionalidade.

Afinal, em processos de natureza objetiva não há – em princípio – lide. Não há conflito de interesses qualificado por uma pretensão resistida. Não há sequer partes. Daí, inclusive, o predicado *objetivo* para certas categorias processuais de competência originária do Supremo Tribunal Federal.

A lição doutrinária de Teori Zavascki (2011, p. 1298) bem ilustra tal linha de raciocínio:

> Faz-se atuar a jurisdição com o objetivo de tutelar não direitos subjetivos, mas sim a própria ordem constitucional, o que se dá mediante solução de controvérsias a respeito da legitimidade da norma jurídica abstratamente considerada, independentemente da sua incidência em específicos suportes fáticos. Aqui, portanto, o processo é objetivo. Nele não figuram partes, no sentido estritamente processual, mas entes legitimados a atuar institucionalmente, sem outro interesse que não o da preservação do sistema de direito.

Repare-se, neste particular, que a premissa ontológica que norteia o papel da jurisdição constitucional, na acepção doutrinária de Teori Zavascki, é a de que a jurisdição constitucional não tem por essência tutelar direitos subjetivos, mas, sim, a própria ordem constitucional na via do controle abstrato e concentrado de constitucionalidade.

Essa é rigorosamente a mesma posição jurídica que adotou o Ministro Celso de Mello no julgamento da Ação Direta de Inconstitucionalidade 1.434:

O controle normativo de constitucionalidade qualifica-se como típico processo de caráter objetivo, vocacionado exclusivamente à defesa, em tese, da harmonia do sistema constitucional. A instauração desse processo objetivo tem por função instrumental viabilizar o julgamento da validade abstrata do ato estatal em face da Constituição da República. *O exame de relações jurídicas concretas e individuais constitui matéria juridicamente estranha ao domínio do processo de controle concentrado de constitucionalidade.*

> A tutela jurisdicional, há de ser obtida na via do controle difuso de constitucionalidade, que, supondo a existência de um caso concreto, revela-se acessível a qualquer pessoa que disponha de interesse e legitimidade (art. 3 do CPC) (Brasil, 1996, p. 141-142) (destacou-se).

Aliás, a via do controle concentrado de constitucionalidade – e daí inclusive a escolha para se estudar os acordos e as soluções negociadas no âmbito destes processos objetivos específicos –, após a Constituição de 1988, passou a ser cada vez mais o veículo de transformação ontológica do Supremo Tribunal Federal em uma verdadeira Corte Constitucional, vocacionada a solver problemas tipicamente de direitos fundamentais.

Eis a razão pela qual, em estudo denominado *A Quem Interessa o Controle Concentrado de Constitucionalidade?*, os professores Alexandre Araújo Costa e Juliano Zaiden Benvindo asseveraram a propósito da expansão do controle concentrado de constitucionalidade no papel de consagração do Supremo Tribunal como Corte Constitucional no pós-1988:

> As modificações substanciais que o constitucionalismo brasileiro tem sofrido no âmbito da jurisdição constitucional podem ser assim sintetizadas: 1) instrumentalmente, passou-se a priorizar o sistema concentrado de constitucionalidade em detrimento do sistema difuso, que não mais conduziria com a proposta de uma verdadeira corte constitucional em construção e aperfeiçoamento desde a democratização; 2) teoricamente, passou-se a enfatizar as grandes vantagens desse sistema, na medida em que conseguiria "racionalizar" a decisão, uniformizar o entendimento de determinada matéria e, de modo célere, liquidar uma controvérsia, especialmente no âmbito da defesa dos direitos e garantias fundamentais. Assim, em termos sintéticos, pode-se dizer, segundo esse entendimento hoje majoritário, que o controle concentrado de constitucionalidade seria não apenas o mais instrumental e racionalmente adequado para a defesa dos direitos e garantias fundamentais, como também o mais condizente com o espírito democrático da Constituição de 1988 (Costa; Benvindo, 2020).

O certo é que, inegavelmente, a unânime homologação do acordo celebrado no âmbito da ADPF 165 representa uma verdadeira guinada interpretativa do Supremo Tribunal Federal em torno dos limites das ações judiciais de controle concentrado de constitucionalidade, notadamente no que tange a aspectos relacionados ao seu cabimento, como é a celebração de acordos no bojo de processos de índole objetiva.

Não é outra a razão pela qual Daiane Nogueira de Lira (2023), outrora Secretária-Geral da Presidência do Supremo Tribunal Federal, anotou em palestra virtual por ela proferida que a ADPF 165 é considerada o "grande marco da conciliação no âmbito do Supremo Tribunal Federal" (informação verbal)[11].

Veja-se, no entanto, que o Supremo Tribunal Federal, quando admitiu o cabimento do acordo em sede de controle abstrato, não permitiu propriamente que haja transação a respeito de direitos indisponíveis constitucionalmente tutelados. Há, em verdade, uma falsa impressão de flexibilização. Isso, porque há uma sutileza que permitiu ao Supremo autorizar a realização de acordos em sede de controle concentrado sem que, no entanto, seja aberta uma brecha processual para se transacionar a respeito de direitos indisponíveis próprios da ordem constitucional. É que, segundo a Corte, mesmo que se trate de processos objetivos, é possível a celebração de autocomposição quando estiver demonstrado, concretamente, que há no feito um *conflito intersubjetivo subjacente*, que seja paralelo à discussão constitucional – e indisponível – de fundo.

Nesse sentido, foi o que ponderou o Ministro Ricardo Lewandowski quando acentuou que "há, subjacente ao

11 LIRA, Daiane Nogueira. *Palestra Virtual*. YouTube. Disponível em: https://www.youtube.com/watch?v=wsr8miifvua. Acesso em: 12 jun. 2023.

presente feito, um notável conflito intersubjetivo, o qual comporta uma solução amigável por meio do acordo apresentado para homologação" (Brasil, 2018, p. 14). E acrescentou:

> Assim, ao homologá-lo, o Supremo Tribunal Federal não estará chancelando nenhuma interpretação peculiar dada à lei. Pelo contrário, não obstante o ajuste proposto veicule diversas teses jurídicas, a homologação não as alcança, nem as legitima, abrangendo tão somente as disposições patrimoniais firmadas no âmbito da disponibilidade das partes. Em outras palavras, a homologação estará apenas resolvendo um incidente processual, com vistas a conferir maior efetividade à prestação jurisdicional (...) (Brasil, 2018, p. 14).

A interessante questão que se põe a saber é quando, mesmo em sede de controle abstrato de constitucionalidade, na prática não há nenhum interesse subjetivo subjacente a uma discussão constitucional maior levantada, em tese, no bojo de um processo objetivo.

Por trás de praticamente toda controvérsia constitucional veiculada meramente em tese, há algum interesse subjetivo colateral, ainda que indeterminado e transindividual.

O certo é que, o Supremo Tribunal permitiu, notadamente a partir do marco histórico da ADPF 165, a autocomposição no seio da jurisdição constitucional abstrata, em processos de natureza objetiva. Todavia, assim o permitiu **a)** apenas para tutelar conflitos em torno de direitos subjetivos laterais e incidentais à questão constitucional principal e **b)** também porque não se comprometeu com as teses jurídicas articuladas pelas partes ao longo das tratativas para o acordo (Brasil, 2018).

Ao assim proceder, de um lado, o Supremo abandonou uma visão tipicamente ortodoxa do controle abstrato de constitucionalidade e de seus pertinentes veículos processuais articuladores de questionamento da lei em tese; e, de outro, agiu como verdadeiro árbitro de interesses ao criar procedimentalmente, sem ingressar no mérito da disputa, as condições de possibilidade para que as próprias partes envoltas em um conflito de base constitucional construam por si a solução material que melhor poderá regular seus interesses.

Sem emitir verticalmente um juízo valorativo sobre a controvérsia constitucional, porquanto não adota "nenhuma interpretação peculiar dada à lei" (Brasil, 2018, p. 14), lastreada em um arquétipo decisório binário do tudo ou nada, ou melhor, do constitucional/inconstitucional, a Corte cria o espaço de conformação para que os próprios interessados solucionem por si as múltiplas e possíveis soluções para os seus problemas.

Afinal, na contemporaneidade globalizada pós-moderna do mundo digital, há múltiplos problemas que não são exatamente passíveis de resolução mediante fórmulas decisórias binárias ou mesmo meramente principiológicas. A esfera pública, especialmente a jurisdição constitucional, vive sob a égide de um paradoxo que não a permite canalizar adequadamente todas as demandas que lhes são submetidas.

Ao mesmo tempo em que a jurisdição constitucional possui como um de seus principais traços funcionar como a última trincheira na proteção de direitos fundamentais e responder, porque a cláusula de inafastabilidade da jurisdição veda o *non liquet* estatal, todas as demandas que lhes são apresentadas, essa mesma jurisdição constitucional, cada vez mais, revela-se incapaz de absorver toda a carga cognitiva ínsita aos problemas de outras esferas sociais.

Não raro, falta-lhe a necessária capacidade institucional, conceito utilizado pelo próprio Supremo Tribunal

Federal (Suspensão de Liminar 1.425 AgR), para resolver as nuances técnicas de outros campos do saber para além do Direito, para além de um código normativo binário autorreferente – ou autopoiético na visão luhmanniana – do constitucional/inconstitucional.

Foi o próprio Ministro Gilmar Mendes, em alusão a um aparte do Ministro Luiz Fux, que na homologação da ADPF 165/DF asseverou que "certamente, estamos traçando uma nova forma, como disse o eminente relator, de encontrar soluções paradigmáticas, talvez não sejam as perfeitas, nem as desejáveis, mas para solucionar problemas extremamente sérios" (Brasil, 2018, p. 34).

E complementou Sua Excelência:

> *E, se essas questões ficassem, como já vimos – O Ministro Fux fez essa referência -, nesse vai-volta, bate-volta das ações processuais, acho que teríamos quase que eternizado.* Quando a gente fala de todos esses planos e diz: "Poxa, a moeda que constava desde já, já foi superada e tudo mais, e continuamos a discutir". *Chega um momento que, inclusive, é impossível ter qualquer racionalidade em torno dessa temática.* De modo que, nesse ambiente, acredito que estejamos vivendo um dia histórico, e felicito o relator por essa iniciativa (Brasil, 2018, p. 34) (destacou-se).

Daí a virtude e a beleza do acordo no seio da jurisdição constitucional. Só uma solução negociada entre os próprios afetados e a quebra de uma ortodoxia processual no âmbito de processos de índole objetiva foi capaz, naquele momento, de solucionar adequadamente o "vai-volta, bate--volta das ações processuais" que nunca terminavam, ao ponto de o Ministro Gilmar Mendes advertir que "chega um momento que, inclusive, é impossível ter qualquer racionalidade em torno dessa temática" (Brasil, 2018, p. 34).

O acordo é, por excelência, o instrumento procedimental que vocaliza, na prática, a razão procedural. Só o acordo foi capaz, na prática, de pôr fim a um dos maiores exemplos de litigiosidade do país. Como bem ponderou o Ministro Dias Toffoli, a Corte homologou "um acordo que tem um reflexo para a nação inteira" (Brasil, 2018, p. 33).

Mais do que isso, quando o Supremo Tribunal homologou o acordo na ADPF 165/DF, parece ter iniciado, mesmo talvez sem uma plena consciência teórica, a pavimentação dos caminhos para um modelo cognitivo e epistemológico de um "direito proceduralizado, isto é, mais flexível, aberto ao aprendizado e adaptável às necessidades da realidade" (Abboud, 2022). Afinal, "o que se encontra no centro do direito [na pós-modernidade] como constituição legal é a relação do direito com autonomias sociais extremamente variadas em suas normatividades e racionalidades intrínsecas" (Teubner, 2006, p. 62).

Frente àquilo que o professor Georges Abboud (2022) denomina de conflitos "indecidíveis", porque tais litígios contemporâneos escapam cognitivamente à normatividade própria do Direito, a melhor solução parece ser mesmo a adoção de uma engenharia processual de negociação, mesmo que não seja ela a melhor porquanto provisória e precária. Mas essa é, a rigor, a condição existencial de possibilidade da própria pós-modernidade. A vida pós-moderna é, por essência, provisória e fluida porque a todo segundo se ressignifica no seio das relações sociais não lineares.

Basta saber, no entanto, se o Supremo Tribunal seguiu trilhando os caminhos de uma razão procedural e autorreflexiva nos anos que se seguiram à homologação da ADPF 165 permitindo, em temas sensíveis, especialmente aqueles de direitos fundamentais, a realização de acordos. Se seguiu, de que modo e sob quais condições efetivas estabeleceu as condições de possibilidade para que os próprios envolvidos negociassem livremente, ainda que a título provisório, as condições para o regular exercício de seus direitos fundamentais.

3.5. Ativista ou minimalista? Normativamente, o comportamento e o perfil do Supremo Tribunal Federal nos anos que se seguiram à homologação da avença celebrada na ADPF 165/DF em matéria de acordo em processos objetivos

Em agosto de 2020, o então presidente do Supremo Tribunal Federal, Ministro Dias Toffoli, por meio da Resolução 697/2020, na esteira da abertura da jurisdição constitucional a soluções negociadas e dialógicas, instituiu o Centro de Mediação e Conciliação (CMC), órgão responsável, nos termos do caput do art. 1º da Resolução, "pela realização de acordos no Supremo Tribunal Federal" (Brasil, 2020a).

Na linha do movimento de pacificação consensual de interesses, ainda que aqueles subjacentes a uma disputa constitucional abstrata e em tese, a Ministra Rosa Weber, no exercício da Presidência da Corte, por meio da Resolução 790/2022, instituiu o Centro de Soluções Alternativas de Litígios do Supremos Tribunal Federal (CESAL/STF).

Uma das razões para a instituição do CESAL/STF, segundo um de seus Considerandos, é a existência de:

> [...] demandas estruturais e litígios complexos [que] exigem técnicas especiais de efetivação processual e intervenções jurisdicionais diferenciadas, tais como flexibilidade de procedimento, consensualidade, negociações processuais, e atipicidade dos meios de provas, das medidas executivas e das formas de cooperação judiciária (Brasil, 2022a).

Ao menos no plano discursivo, o Supremo Tribunal parece ter, de 2018 a 2022, isto é, da homologação do acordo celebrado na ADPF 165/DF até recentemente, encampado técnicas decisórias mais flexíveis para conferir alguma solução não vertical baseada na lógica do constitucional/inconstitucional a determinado estado de coisas potencialmente inconstitucional. No plano argumentativo e das normas, o Supremo, em um espaço de menos de meia década, avança da impossibilidade de qualquer celebração de quaisquer soluções negociadas.

Parece que o acordo e, ainda que teoricamente de um modo inconsciente, as premissas do Direito Procedural, foram incorporadas normativamente à disciplina infralegal reitora das atividades do Supremo Tribunal Federal na guarda da Constituição e de sua força normativa.

Se, num plano puramente teórico e normativo, o Supremo Tribunal em relativamente poucos anos caminhou a passos largos para se tornar uma Corte Constitucional mais minimalista, menos decisionista e, sobretudo, menos ativista porque franqueia aos sujeitos constitucionais interessados a possibilidade de, por si, construírem uma solução aberta e dialógica, basta saber empiricamente como a Corte caminhou, de 2018 a 2023 na utilização de acordos para questões constitucionais sensíveis para a qual a Corte não detém, propriamente, capacidade cognitiva.

Quer dizer, cabe verificar, empiricamente, no tópico que se segue, como – e se realmente – o Supremo Tribunal permitiu, por meio de soluções negociadas no bojo de processos de natureza objetiva, a construção de uma verdadeira comunidade aberta de intérpretes da Constituição.

Ou mesmo, por meio da coleta de dados no repertório jurisprudencial disponível no sítio eletrônico do Supremo Tribunal Federal, se o STF tem adotado, em matéria de acordo em temas constitucionais sensíveis, o "pensamento de possibilidades" (*Möglichkeitsdenken*) de Peter Häberle, cujo traço distintivo se caracteriza por ser uma "expressão, consequência, pressuposto e limite para uma interpretação constitucional aberta. Trata-se de pensar a partir e em novas perspectivas, questionando-se: "que outra solução seria viável para uma determinada situação?" (Mendes, 2013, p. 1022).

3.6. Ativista ou minimalista? Empiricamente, o comportamento e o perfil do Supremo Tribunal Federal nos anos que se seguiram à homologação da avença celebrada na ADPF 165/DF em matéria de acordo em processos objetivos

Entre a homologação do acordo na ADPF 165/DF, em 2018, e o aprimoramento do CESAL/STF, em 2022, para que, entre suas atividades, sejam resolvidos pela via do acordo demandas estruturais de competência da Corte, passaram-se em média 4 (quatro) anos.

Breve, portanto, o período entre uma posição tradicionalmente adotada pela Corte de não chancelar, de modo algum, soluções negociadas no bojo de processos de natureza objetiva e a autorização para que até mesmo demandas estruturais, assim consideradas aquelas que envolvem "uma estrutura pública ou privada que se encontra em um estado de desconformidade estruturada" (Araújo, 2022) e que, não raro, reclamam um rearranjo na dinâmica da separação de poderes porque prescindem da adoção de políticas públicas.

Nesse intervalo de em média 4 (quatro) anos, do que se coletou do sítio eletrônico do Supremo Tribunal Federal, na aba específica de pesquisa jurisprudencial, verificou-se que a Corte homologou, exclusivamente em sede de controle concentrado de constitucionalidade, porque este é o recorte deste estudo, excluindo-se a ADPF 165/DF, 5 (cinco) acordos em sede de fiscalização abstrata.

GRÁFICO I Universo dos cinco acordos específicos

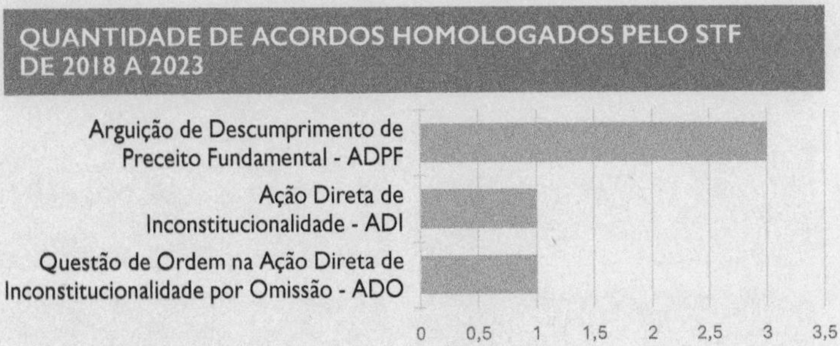

Fonte: Elaborada pelo autor de acordo com suas pesquisas, 2023

Vale destacar que não foi localizada ao menos a tentativa de celebração de acordo no âmbito de quaisquer Ações Declaratórias de Constitucionalidade (ADC).

Verdade seja dita, deste diminuto universo amostral de 5 (cinco) ações de controle concentrado de constitucionalidade, há um bloco de ações que veiculam exatamente a mesma matéria e cujos acordos foram celebrados conjuntamente, existindo, efetivamente, apenas 4 (quatro) acordos homologados por matéria. A saber: ADPF 984 e ADI 7.191, de relatoria do Ministro Gilmar Mendes, cujo acordo celebrado entre União, Estados e Distrito Federal foi homologado recentemente pelo Pleno da Corte. Trata-se de acordo homologado que regulamenta a compensação de R$ 27 bilhões decorrentes das perdas de arrecadação do ICMS sobre combustíveis.

Do universo amostral das 5 (cinco) ações, os acordos celebrados e homologados veiculavam os seguintes temas constitucionais: *(Gráfico na página seguinte)*

Dentre os 11 (onze) Ministros da Corte, apenas capitanearam os acordos homologados até o momento, na qualidade de relatores, os Ministros Alexandre de Moraes (ADPF 568), Ricardo Lewandowski (ADPF 829) e Gilmar Mendes (ADPF 944, ADI 7.191 e ADO 25).

GRÁFICO 2 Temas constitucionais

ADPF 568
Acordo homologado para que sejam destinados para setores como educação e meio ambiente R$ 2,6 bilhões recuperados da Petrobras a partir da Operação Lava-Jato.

ADPF 829
Acordo homologado para que o Governo Federal enviasse ao Estado do Rio Grande do Sul percentual gradual de doses de vacina para o combate à Covid-19 especificamente aos profissionais da educação.

ADPF 984 e ADI 7.191
(União, DF e Estados)
Acordo homologado que regulamenta a compensação de R$ 27 bilhões decorrentes das perdas de arrecadação do ICMS sobre combustíveis.

ADO 25 QO
Acordo homologado que regulamenta a compensação de perdas de arrecadação decorrentes da desoneração das exportações sobre ICMS (compensações da Lei Kandir).

Fonte: Elaborada pelo autor de acordo com suas pesquisas, 2023

Já os atores constitucionais partícipes das soluções negociadas no bojo da jurisdição constitucional abstrata no lapso temporal objeto deste estudo foram os seguintes:

TABELA 1 Atores constitucionais

ADPF 568 Relator ministro Alexandre de Moraes	**ADPF 829** Relator ministro Ricardo Lewandowski	**ADPF 984 e ADI 7.191** Relator ministro Gilmar Mendes	**ADO 25 QO** Relator ministro Gilmar Mendes
União e STF	União e Estado do Rio Grande do Sul	União, Distrito Federal e Estados	União, Distrito Federal e Estados

Fonte: Elaborada pelo autor de acordo com suas pesquisas, 2023

Por outro lado, eis abaixo, como prova da pluralização de opiniões de atores sociais diversos daqueles que celebraram o acordo ou mesmo da democratização cognitiva da solução negociada do problema constitucional, o rol de *amici curiae* e das audiências públicas que ocorreram no âmbito das 5 (cinco) ações de controle abstrato.

GRÁFICO 3 Pluralização de opiniões

Número da ação constitucional	*Amicus Curiae?*	Audiências Públicas com a participações de atores especializados da sociedade civil?
ADPF 568 (Rel. Min. Alexandre de Moraes)	**Sim.** Associação Nacional dos Procuradores da República – ANPR	**Não**
ADPF 829 (Rel. Min. Ricardo Lewandowski)	**Não**	**Não**
ADPF 984 e **ADI 7.191** (Rel. Min. Gilmar Mendes)	**Sim.** Instituto Brasileiro de Petróleo e Gás – IBP, Conselho de Presidentes dos Tribunais de Justiça do Brasil, Sindicato Brasileiro das Distribuidoras de Combustíveis – Sinbracom e Município do Rio de Janeiro.	**Sim**
ADO 25 QO (Min. Gilmar Mendes)	**Sim.** OAB/PA, Estado da Bahia; Distrito Federal; Estado do Espírito Santo; Estado de Goiás; Estado do Maranhão; Estado de Mato Grosso; Estado do Pará; Estado do Paraná; Estado do Rio de Janeiro; Estado do Rio Grande do Norte; Estado do Rio Grande do Sul; Estado de Rondônia; Estado de Santa Catarina; Estado de Sergipe; Estado de São Paulo; e Estado de Minas Gerais.	**Não**

Fonte: Elaborada pelo autor de acordo com suas pesquisas, 2023

Há, ainda, algumas emblemáticas ações de controle abstrato de constitucionalidade que estão com tratativas para acordo em curso. Seriam elas:

GRÁFICO 4 ADI com acordo em curso

AÇÕES CONSTITUCIONAIS E RELATORIA	OBJETO DA QUESTÃO CONSTITUCIONAL
ADIs 5956, 5959 e **5964** (Rel. Min. Luiz Fux)	Constitucionalidade política de preços mínimos para o setor de transportes – tabelamento de frete.
ADIs 4916, 4917, 4918, 4920, 5038 e **5621** (Rel. Min. Cármen Lúcia)	Constitucionalidade da sistemática de distribuição dos royalties trazida com a Lei 12.734/2012.

Fonte: Elaborada pelo autor de acordo com suas pesquisas, 2023

Estes são, portanto, alguns dos principais dados concretos dos – quase irrisórios –acordos efetivamente homologados pelo Supremo Tribunal Federal de 2018 até 2023, isto é, da homologação do paradigmático acordo celebrado na ADPF 165/DF até o auge da normatização, pelo Supremo, das soluções negociadas com a criação do CESAL/STF.

3.7. Do cruzamento dos dados levantados, oriundos da jurisprudência do Supremo Tribunal Federal, a revelação de que o atual e avançado estado da normatização dos acordos, pelo Supremo, não reflete a adoção de soluções negociadas na prática da jurisdição constitucional

Segundo asseverou o professor Georges Abboud (2021, p. 591), "a proceduralização evita do agigantamento do Judiciário e desfaz o mito no poder plenipotente da jurisdição constitucional, consequentemente, evita a imposição de decisões definitivas no modelo *top down* invasivas das escolhas éticas do cidadão".

Isso porque, à jurisdição constitucional caberá o papel de definir as regras do jogo e os procedimentos mediante os quais os próprios agentes afetados construirão materialmente a solução técnica e constitucionalmente mais adequada para os seus problemas. Trata-se de decisões acordadas e autorreflexivas por meio das quais os Tribunais funcionam como meros árbitros e definidor de regras flexíveis a cada problema que se apresenta.

Se a razão procedural básica caminha no sentido de que a jurisdição constitucional, em matérias cognitivamente complexas, apenas deve criar as condições procedimentais de possibilidade para evitar impor decisões "definitivas no modelo *top down* invasivas das escolhas éticas do cidadão" (Abboud, 2021, p. 591), tal fenômeno não parece ter ocorrido, na prática, no âmbito da jurisdição concentrada do Supremo Tribunal Federal em matérias controvertidas de direitos fundamentais ou mesmo no bojo de processos estruturais.

Embora seja breve o intervalo temporal de pouco mais de 4 (quatro) anos entre a homologação do acordo na ADPF 165/DF até o final do ano de 2023 com o CESAL/STF instituído, a quantidade de apenas 5 (cinco) soluções negociadas e homologadas em definitivo, no âmbito exclusivo das ações de fiscalização abstrata, foi absolutamente irrisório.

Por outro lado, embora o Supremo Tribunal, teoricamente, tenha caminhado no sentido de permitir a adoção de soluções negociadas inclusive no âmbito de processos estruturais, que envolvem temas complexos de direitos fundamentais que perpassam outros poderes, na prática não houve absolutamente nenhum acordo desta natureza neste intervalo temporal que verse sobre uma discussão constitucional que diga, diretamente, respeito a direitos fundamentais.

Basta ver que os sujeitos constitucionais que adotaram uma solução aberta e dialógica no âmbito da Corte foram, rigorosamente todos eles, entes políticos da Federação. Mesmo nos casos que contaram com a presença de *amicus curiae*, tais amigos da corte não estavam afiançando, sob um prisma técnico, uma opinião socialmente relevante em torno de um direito fundamental sensível.

Afinal, como se nota dos dados acima, todos os temas cujos correspondentes acordos foram homologados pela Corte intervalo temporal estudado versam, de algum modo, sobre conflitos federativos em torno de questões tributárias ou, quando menos, de destinação de recursos captados pela União para a distribuição em alguns setores sociais, como é o caso da ADPF 568 (Brasil, 2019).

No máximo, homologou-se, em sede de fiscalização abstrata, um acordo oriundo de um conflito federativo para repasse de vacinas para os professores do Estado do Rio Grande do Sul (ADPF 829) (Brasil, 2021).

Embora as audiências públicas sejam relevantes instrumentos de democratização da Corte com opiniões técnicas de outras áreas do conhecimento, tão somente no âmbito da homologação do acordo na ADPF 984 (Brasil, 2023b) e na ADI 7.191 (Brasil, 2022b), houve uma comissão especial designada pelo Ministro Gilmar Mendes, integrada por diversos atores da República, para debater o tema da regulamentação da compensação das perdas de arrecadação do ICMS sobre combustíveis. Nos demais casos, baixa foi a abertura cognitiva da Corte para resolução de conflitos de modo consensual, mesmo aqueles que não são tipicamente de direitos fundamentais.

É bem verdade que o Supremo Tribunal Federal celebrou, nos últimos anos, acordos em outras vias processuais que não são, propriamente, de fiscalização abstrata ou de feição objetiva. Todavia, em nenhum deles, qualquer que seja de grande relevância social em torno de direitos fundamentais. Mesmo os acordos que estão em debate, no presente momento (dezembro/2023), não versam sobre temas típicos de direitos fundamentais sensíveis (tabelamento de frente e constitucionalidade da sistemática da distribuição de *royalties*).

A escolha e o recorte por este tipo específico de acordo decorrem da circunstância segundo a qual, sob a égide da Constituição Federal de 1988 e com a redemocratização, o controle concentrado de constitucionalidade passou a ser o principal meio pelo qual a Corte desempenha a sua função de Tribunal Constitucional.

Sobreleva ressaltar que no julgamento da ADI 5.090, em que se discutia a inconstitucionalidade da correção das contas do FGTS pela Taxa Referencial (TR), o voto médio que prevaleceu do plenário decorreu, em verdade, do acolhimento de acordo extrajudicial feito pela AGU com as centrais sindicais. Na prática, o Supremo Tribunal Federal, em voto médio do Ministro Flavio Dino, transformou o acordo em decisão.[12]

Como já dito, também na ADC 87, ADI 7.582, ADI 7.583, ADI 7.586 e ADO 86, todas relativas ao marco temporal das terras indígenas, o relator, Ministro Gilmar Mendes, criou uma comissão especial, como método de autocomposição, para tentar solução negocial a tema tão grave e de difícil solução judicial. Nesse sentido, veja-se na página seguinte o despacho proferido pelo relator, de todo alvissareiro na busca de solução consensual e para a aceitação dos acordos nas demandas de controle concentrado[13].

Enfim, fato é que, embora os veículos processuais de feição objetiva sejam os principais meios de articulação de direitos fundamentais propriamente ditos e embora, em um breve espaço de tempo, a Corte tenha institucional e normativamente se organizado para permitir soluções negociadas, na prática a Corte foi pouco ou nada aderente aos benefícios propiciados pelo acordo e pela razão procedural.

---

12 Julgado em plenário no dia 12/06/2024. Acórdão ainda não publicado.
13 Despacho juntado aos autos das respectivas ações diretas.

Senhor Presidente,

Comunico a Vossa Excelência os termos da decisão proferida nos autos em epígrafe em 27 de junho de 2024, cuja cópia segue anexa, mediante a qual determinei a **criação de Comissão Especial**, como método autocompositivo, no âmbito desta Corte, nos autos das ações de controle de constitucionalidade ADC 87, ADI 7.582, ADI 7.583, ADI 7.586 e ADO 86, com prazo inicial de duração dos trabalhos até 18.12.2024.

Informo que admiti, na condição de observador, desde já, um representante do Conselho Nacional de Justiça.

Ademais, designei o **dia 5 de agosto de 2024, às 14h**, para início dos trabalhos da referida comissão especial, por meio de reunião híbrida (presencial e virtual), na Sala de Sessões da Segunda Turma do Supremo Tribunal Federal e também no link: https://us02web.zoom.us/j/88402028214?pwd=ZMDrGSzl1bmaHtwrpxSDplcvS6s6fO.1, ID da reunião: 884 0202 8214, Senha: 368157.

Atenciosamente,

Ministro Gilmar Mendes
Relator
Documento assinado digitalmente

As razões, para tanto, são variadas e serão mais bem exploradas na conclusão.

É bem de ver, por outro lado, que após a ADPF 165, ainda que nenhum tema de direito fundamental tenha sido enfrentado na sede consensual, os acordos realizados, de um modo geral, foram a única forma de resolver intrincados problemas federativos e nacionais, como a perda de arrecadação do ICMS sobre combustíveis e a destinação dos valores recuperados pela Petrobrás na Operação Lava Jato só foram possíveis porque se deram em jurisdição constitucional, com um Ministro da Supremo Corte mediando as discussões.

Do contrário, sobretudo em matéria tributária tão cara aos Estados, como a perda de arrecadação de ICMS, haveria uma miríade de ações ou mesmo uma ação de controle concentrado que, por certo, não atenderia às necessidades de cada unidade federativa e a sua capacidade de renunciar à arrecadação.

Com o acordo, como o do ICMS, ponderou-se a posição de todos os Estados da federação, para se chegar à solução possível e aceitável por todos. Para tanto, a presença dos representantes estatais, na exposição de suas necessidades e realidades orçamentárias, foi essencial para a formação do consenso.

Em tal quadra, basta saber quais são as possibilidades institucionais para que o acordo, à semelhança do processo civil ordinário, seja uma medida impositiva no processo constitucional pelos quais determinadas categorias de demanda e/ou ações devam passar antes de seguir o seu curso normal de julgamento. É o que se examinará no capítulo conclusivo.

4. O NASCEDOURO DE UMA NOVA CULTURA: O AMADURECIMENTO DE SOLUÇÕES CONSENSUAIS PARA ALÉM DOS PERÍMETROS INSTITUCIONAIS DO PODER JUDICIÁRIO

Se a adoção de soluções consensuais no âmbito da jurisdição constitucional do Supremo Tribunal Federal e do próprio Poder Judiciário, na atual quadra pós-moderna marcada por um paradigma procedural, parece ser um caminho absolutamente necessário, embora caminhando a passos ainda curtos, à própria manutenção da legitimidade democrática de um poder essencialmente contramajoritário, tal percurso está sendo, igualmente, trilhado no âmbito da Administração Pública, do Poder Executivo.

Em 1985, Noberto Bobbio (1987, p. 26) já alertava que "o Estado de hoje está muito mais propenso a exercer uma função de mediador e de garante, mais do que a de detentor do poder de império".

Tratava-se do prenúncio, ainda no século passado, de uma nova cultura que deriva, em primeiro lugar, da modificação no paradigma ontológico e metodológico da atividade administrativa no Brasil, agora de cariz dito *consensual*, que, segundo acentuam os professores Gustavo Justino de Oliveira e Otavio Venturini em ensaio acadêmico específico:

> Firmou-se, a partir da Constituição Federal de 1988, e, sobretudo, após as edições de leis de codificação do processo administrativo no final da década de 1990, uma transição de paradigma metodológico na atividade administrativa no Brasil, com a valorização da dimensão processual e guinada para o consensualismo. Isto é, e em um passado não muito remoto a atividade da Administração Pública era centrada em decisões unilaterais e impositivas, tem-se cada vez mais acentuado o caráter dinâmico do processo decisório, a multilateralidade e

> a abertura de espaços de concertação, inclusive para acordos substitutivos de decisão administrativa sancionatória, em que a função corretiva do poder público prepondera sobre postura meramente punitivista (Oliveira; Venturini, 2021).

Ao invés de um modelo de Estado centralizador, provedor e que a todos os aspectos da vida tende regular ou controlar normativamente, passa-se, a partir de um diagnóstico dos pressupostos existenciais da vida pós-moderna, altamente complexos, a se adotar soluções mais minimalistas, menos invasivas, dialógicas, descentralizadas e coordenadas entre todos os atores socialmente envolvidos nas atividades administrativas.

Trata-se, no limiar, de *democratizar a própria democracia* ou de radicalizar a própria ideia que vitaliza o conceito de democracia enquanto governo do povo.

Uma vez mais, Gustavo Justino de Oliveira, desta feita em coautoria com a professora Cristiane Schwanka, asseveram em artigo dogmático, quanto a este específico ponto, que:

> Nas últimas três décadas, os movimentos transformadores do Estado contemporâneo visaram não somente à reavaliação dos fins do Estado, mas também ao reexame das funções típicas do modelo estatal providencialista e da forma como tais funções eram comumente desempenhadas.
>
> Com a ascensão de fenômenos como o Estado em rede e a Governança Pública, emerge uma nova forma de administrar, cujas referências são o diálogo, a negociação, o acordo, a coordenação, a descentralização, a cooperação e a colaboração. Assim, o processo de determinação do interesse público passa a ser desenvolvido a partir de uma perspectiva consensual e dialógica, a qual contrasta com a dominante perspectiva imperativa e monológica, avessa à utilização de mecanismos comunicacionais internos e externos à organização administrativa (Oliveira; Schwanka, 2009, p. 319).

E arrematam com a seguinte conclusão:

> Trata-se da Administração Consensual, a qual marca a evolução de um modelo centrado no ato administrativo (unilateralidade) para um modelo que passa a contemplar os acordos administrativos (bilateralidade e multilateralidade). Sua disseminação tem por fim nortear a transição de um modelo de gestão pública fechado e autoritário para um modelo aberto e democrático, habilitando o Estado contemporâneo a bem desempenhar suas tarefas e atingir os seus objetivos, preferencialmente, de modo compartilhado com os cidadãos (Oliveira; Schwanka, 2009, p. 320).

Inegavelmente, o pressuposto ontológico de fundo que orienta a Administração Pública, ao menos num plano teórico-dogmático, a adotar soluções consensuais e negociadas, construídas coletivamente por todos os interessados na consecução do interesse público, é rigorosamente o mesmo que conduz o Poder Judiciário a adotar o acordo como instrumento, por excelência, de pacificação social no contexto hipercomplexo da atual sociedade contemporânea.

Noutras palavras, tanto o Poder Executivo, nomeadamente a Administração Pública, quanto o Poder Judiciário, especificamente o Supremo Tribunal Federal enquanto última trincheira na garantia dos direitos fundamentais estão, cada um a seu modo, redirecionando o seu modo de ser e agir em certas situações porque vige, no atual contexto pós-moderno de sociedades de redes (Castells, 2002), exatamente o paradigma do *Proceduralismo* ou, se se preferir, do *Consensualismo*.

Ambas as teorias, inegavelmente, partem de uma mesma premissa: a pós-modernidade digital e o incremento de complexidade nas sociedades contemporâneas lançaram em uma profunda crise o paradigma de

Estado Regulador, que a tudo e a todos tende a regular e/ou controlar, quer seja por meio de um modelo tradicional de regras (*all or nothing*), quer seja por um arquétipo axiológico de princípios semanticamente abstratos cujo conteúdo é preenchido no caso a caso por uma série de critérios que, no mais das vezes, podem se traduzir em escolhas político-subjetivas discricionárias de cada um. No Poder Judiciário, como se viu nos tópicos precedentes, já vigora a constatação segundo a qual os magistrados não podem, ou melhor, não devem assim fazê-lo, porque "capacidade institucional" lhes falta. O Poder Judiciário não deve decidir sobre temas técnicos especializados, já que a melhor solução para a pacificação de tal controvérsia não deve ser tomada com conhecimentos de cariz eminentemente jurídico.

De igual maneira, o próprio Supremo Tribunal Federal, de modo exemplar, vem adotando uma postura de humildade institucional, e assentou jurisprudencialmente que: "o Poder Judiciário deve atuar, em princípio, com deferência em relação às decisões técnicas formuladas por órgãos governamentais, máxime em razão da maior capacidade institucional para o equacionamento da discussão" (Brasil, 2021, p. 2). Em outro caso, mas no mesmo sentido, o Supremo Tribunal Federal asseverou:

> O Supremo Tribunal Federal não é instância recursal das decisões administrativas tomadas pelo Conselho Nacional do Ministério Público no regular exercício das atribuições constitucionalmente estabelecidas, de sorte que, ressalvadas as hipóteses de flagrantes ilegalidade, abuso de poder ou teratologia, impõe-se ao Poder Judiciário autocontenção (*judicial self-restraint*) e deferência às valorações realizadas pelos órgãos especializados, dada sua maior capacidade institucional para o tratamento da matéria. Precedentes (Brasil, 2020b, p. 1).

De fato, o Supremo Tribunal Federal há algum tempo tem demonstrado deferência, quando em debate matérias veiculadas normativamente por setores regulados, às soluções que reclamam expertise técnica em questões não jurídicas a órgãos estatais especializados integrantes da Administração Pública (*rectius:* agências reguladoras).

Inegavelmente, de modo consciente ou não, há um reconhecimento pela Suprema Corte brasileira, no atual paradigma procedural ou consensual, de que nem tudo pode decidir ou regular por uma decisão judicial proferida verticalmente "de cima para baixo". Há temas, controversos e técnicos, cuja melhor solução deve mesmo ser tomada por quem, efetiva e decisivamente, possui capacidade epistêmica para tanto.

Afinal, uma decisão jurídica, por vezes fundada em bases axiologicamente abstratas, a respeito de problemas não jurídicos, mas técnico-especializados, possui o condão de promover uma profunda desestruturação sistêmica. É dizer, uma decisão judicial, ao invés de estabilizar expectativas normativas e de pacificar lides, acaba por produzir efeito sistêmico reverso na medida em que desencadeia a desregulação de outros subsistemas sociais que se organizam por modos e códigos operacionais diversos. Já vigora no Poder Judiciário brasileiro, portanto, notadamente no Supremo Tribunal Federal, as premissas do paradigma procedural, ainda que de modo muito mais enfático num plano teórico do que na prática efetiva do exercício da jurisdição.

Por seu turno, no bojo do Poder Executivo, notadamente no seio da Administração Pública, como se disse, vigora o novo arquétipo do *Consensualismo,* surgido teoricamente como reconhecimento de que na atual sociedade de redes o tradicional poder de império administrativo[14] não mais existe, que tal conceito ruiu no tempo com a fragmentação do poder em uma sociedade virtualmente interconectada por redes. Trata-se, no ponto, daquilo que Gustavo Justino de Oliveira e Cristiane Schwanka pontuam quando examinam a teoria da sociedade em redes do sociológico espanhol Manuel Castells[15]:

> [...] a própria organização político-administrativa Estado passa a ser compreendida a partir dessa lógica difusa, não mais sendo possível imaginar-se uma organização autocentrada, hermética e incomunicável, com rígida e inabalável partilha de competências legislativas e administrativas. Características como descentralização, policentria, horizontalidade, cooperação, gestão integrada e compartilhada entre departamentos de Estados unitários e de esferas federativas, bem como entre órgãos e entidades administrativas, estão presentes na composição e organização do Estado contemporâneo (Oliveira; Schwanka, 2009, p. 307).

Veja-se, portanto, que o Poder Judiciário e o Poder Executivo compartilham de uma mesma base ontológica e paradigmática de crise do Estado Regulador. Ambos apresentam, teoricamente, respostas de em algum modo similares (*proceduralismo* e *consensualismo*), mas não iguais, a um mesmo problema sociológico: crise da estatalidade monista e não dialógica.

Basta saber, no entanto, ainda que à guisa de referencial sugestivo ao aperfeiçoamento do exercício da função

---

14 O conceito de poder de império deriva do conceito administrativo de ato de império. Segundo a doutrina de Belizário Antonio de Lacerda, "o termo império remete a soberano, que, a seu turno, pressupõe voluntariedade e intangibilidade. E é exatamente isso que quer dizer o ato de império. Ato de império nada mais é do que a manifestação de vontade voluntária e intangível da Administração no exercício da soberania, onde total desigualdade jurídica reina na relação entre Administração e administrado, a exemplo do que ocorre com a desapropriação por necessidade pública e utilidade pública, ou interesse social, de que dá conta a Constituição da República em seu art. 5°, item LIV" In: LACERDA, Belizário Antonio de. O mito do mérito administrativo. *Jurisp. Mineira*, Belo Horizonte, a. 63, nº 200, p. 37-40, jan./mar. 2012. Disponível em: https://bd.tjmg.jus.br/jspui/handle/tjmg/389. Acesso em: 03 fev. 2024.

15 CASTELLS, Manuel. *A era da informação: fim de milênio*. 3. ed. São Paulo: Paz e Terra, 2002. v. 3.

jurisdição constitucional do Supremo Tribunal Federal, já que este não é o escopo central deste trabalho, como a Administração Pública tem se comportado, empiricamente, frente ao atual paradigma do consensualismo. Trata-se, aqui, de um exercício de observação e reflexão adicionais de outras práticas semelhantes ao objeto deste estudo que podem orientar institucionalmente a construção de uma jurisdição constitucional verdadeiramente aberta a uma comunidade igualmente aberta de intérpretes da Constituição.

Para tanto, serão analisados alguns acordos celebrados pelo Centro de Mediação e Conciliação da Administração Pública Federal (CCAF), integrante da Consultoria-Geral da União, órgão de direção superior da Advocacia-Geral da União (AGU), cuja missão institucional é atuar, por de meio de técnicas de autocomposição, na busca solução consensual de conflitos que envolvam órgãos da Administração Pública Federal direta e indireta.

Tamanho é o crescimento das soluções consensuais no âmbito da Administração Pública atualmente que, apesar de, comparativamente aos elevados índices de judicialização no país[16], tratar-se, ainda, de uma iniciativa tímida, a CCAF é representada nos Estados da Federação pelas Câmaras Locais de Conciliação (CLCs).

Para Gustavo Justino de Oliveira e Otávio Venturini (2021), todavia, em que pese a guinada paradigmática do Estado rumo a um modelo consensualista, a prática cotidiana do agir administrativo revela que a postura teórica do consensualismo ainda não se afigura totalmente aplicável. Eis:

16 De acordo com o *Relatório da Justiça em Números de 2024*, do Conselho Nacional de Justiça, nunca se teve tantos casos novos no Poder Judiciário brasileiro. Em 2023, alcançou-se a marca histórica de 35.234.402 casos novos, contra 31.985.896 no ano anterior (2022). Disponível em: https://justica-em-numeros.cnj.jus.br/painel-estatisticas/. Acesso em 03 de março de 2024.

> Todavia, se, por um lado, não restam dúvidas quanto à evolução da concepção das práticas administrativas no emprego dos Mascs – corroborada por farta legislação, doutrina e jurisprudência--, a efetiva mudança de cultura e aplicação desses instrumentos pelas administrações públicas de diversos entes da federação e esferas de poder ainda caminha a passos lento. Há muito o que se avançar em termos de consolidação de boas práticas e maior institucionalização dos Mascs, o que deve ser realizado por meio da edição de atos administrativos normativos próprios e capazes de disciplinar esses mecanismos, adequando-os às peculiaridades de perfil e atuação administrativa de cada órgão ou entidade, bem como conferindo-lhes previsibilidade, segurança jurídica e efetividade (Oliveira; Venturini, 2021).

Apesar desse diagnóstico realizado pelos professores no final de 2021, avanços não apenas teóricos como também práticos vem ocorrendo paulatinamente no seio da Administração Pública. O CCAF, da AGU, tem adotado uma postura de vanguarda em iniciativas institucionais de estímulo autocompositivo na resolução de litígios, em que as próprias partes, quando em conflito com o Estado, chegam a um consenso mediante uma solução negociada.

Foi o caso, por exemplo, do conflito envolvendo o Ministério da Cidadania (MC) e a Caixa Econômica Federal (CEF) acerca de um pretenso desequilíbrio econômico-financeiro no contrato celebrado entre ambos para a operacionalização do pagamento das parcelas do Auxílio Emergencial à população durante a pandemia da Covid-19.

Diante do cenário pandêmico no Brasil, a União instituiu, através da Lei 13.982, de 2 de abril de 2020, o auxílio emergencial, no valor de R$ 600,00 (seiscentos reais), como meio de atendimento da população atingida pelas medidas de contenção do referido vírus.

Para a sua operacionalização, foi celebrado contrato com a CEF, por meio de dispensa de licitação, com fundamento na Lei 13.979/2020, no qual estabeleceram-se preços e condições de pagamento e prestação dos referidos serviços. Ocorre que fatos e circunstâncias imprevisíveis majoraram o custo do serviço, refletindo na execução contratual e alterando a previsão inicial. Por isso, a CEF solicitou a alteração dos preços cobrados do Ministério da Cidadania, fundamentada na necessidade de recomposição do equilíbrio econômico-financeiro do contrato.

A CCAF adotou, como estratégias de facilitação do acordo entre as partes, três caminhos complementares. Primeiro, fez-se uma reunião unilateral com a CEF. Os representantes da CEF, neste primeiro momento, expuseram ao mediador os motivos para o desequilíbrio econômico-financeiro do contrato, a exemplo do:

> Aumento considerável do número de beneficiários do auxílio emergencial e, portanto, do volume de recursos a ser distribuído; ocorrência de filas e aglomerações nas agências bancárias; número de população 'desbancarizada' muito superior ao imaginado, mitigando a participação de outros bancos na distribuição dos benefícios; [...] (Brasil, 2020c, n.p).

Posteriormente, a CCAF realizou, por sua vez, reunião unilateral com representantes do Ministério da Cidadania. Em síntese, o Ministério da Cidadania demonstrou intenção de restabelecer o equilíbrio econômico-financeiro do contrato. Manifestou, no entanto, desejo em ver, por parte da CEF, uma melhor demonstração dos motivos que concorreram para o desequilíbrio.

Subsequentemente, desta feita em reunião conjunta com ambas as partes, discorreram sobre a forma como se daria a demonstração dos impactos dos eventos imprevisíveis nos custos da operação do serviço e o valor a ser reequilibrado.

As partes, então, chegaram a um acordo. A solução do litígio foi acordada nos seguintes moldes:

> INCLUSÃO DE TERMO ADITIVO AO ATUAL CONTRATO: as partes concordaram em inserir termo aditivo ao atual contrato para o fim de viabilizar a utilização da cláusula contratual baseada no art. 4º-I, da Lei 13.979/2020. Isso permitirá o acréscimo ao objeto contratado de até 50% do valor inicial atualizado do contrato (uma vez que a quantidade de pagamentos operacionalizados se mostrou superior ao estimado inicialmente) e que seja alcançado um reequilíbrio econômico-financeiro;
>
> CELEBRAÇÃO DE NOVO CONTRATO: as partes concordaram em celebrar novo contrato para operacionalização do pagamento das novas duas parcelas do benefício (P4 e P5) e dos valores remanescentes das parcelas P1, P2 e P3 do benefício;
>
> AUMENTO NO VALOR DA TARIFA: a União pagava à CEF a tarifa de R$ 0,80 para cada pagamento operacionalizado (o que abrange o pagamento das cinco parcelas do benefício). Com o presente acordo, levando em consideração os fatos e circunstâncias imprevisíveis que majoraram o custo do serviço, a tarifa será majorada em R$ 0,59. Portanto, a tarifa reequilibrada terá o valor de R$ 1,39. Essa diferença de R$ 0,59 deverá incidir retroativamente à remuneração da CEF por todos os pagamentos já operacionalizados até a data desse acordo. Há possibilidade de revisão em caso de novos fatos imprevistos ou imprevisíveis (Brasil, 2020c, n.p).

Em termos de vantajosidade e economicidade gerada pela adoção, pelas partes, de uma solução consensual negociada para se colocar fim ao litígio foram as seguintes:

> PARA A CEF: para operacionalizar o pagamento do auxílio emergencial, a CEF arcou com custos decorrentes de modificações operacionais necessárias ao atendimento das situações supervenientes e imprevisíveis. Tais situações, por óbvia impossibilidade, não puderam ser dimensionadas ao

> tempo da celebração do primeiro contrato, o que tornou a atividade da CEF excessivamente onerosa. O acordo, formulado em época que as partes têm maior compreensão dos custos de operacionalização traz um reequilíbrio econômico-financeiro do contrato, o que permite que a CEF dê continuidade à execução dos pagamentos com maior tranquilidade, garantindo o adequado atendimento da população.
>
> PARA A UNIÃO: conforme análise do Ministério da Cidadania, as pautas acordadas mantêm coerência com o contrato vigente, sendo a majoração da tarifa apenas uma recomposição do equilíbrio econômico e financeiro, cujas motivações se mostram pertinentes, em virtude da imprevisibilidade da evolução da pandemia. Ademais, o acordo permitirá a boa continuidade dos serviços e a manutenção do adequado atendimento da população brasileira, por meio de estrutura e processos de trabalho condizentes com a realidade observada desde o início dos pagamentos do Auxílio Emergencial (Brasil, 2020c, n.p).

Outra interessante e intricada disputa resolvida no âmbito da CCAF ocorreu no litígio envolvendo a União, o Distrito Federal (DF) e a Terracap. A União, como acionista da Terracap, possui o direito a participar da distribuição de dividendos da mesma e de receber juros sobre o capital próprio (JCP), proporcionais à cota-parte que possui daquela Empresa Pública (art. 202 da Lei das S.A. c/c arts. 13 e 56 do Estatuto da Terracap).

Todavia, a partir do exercício de 2008, a Terracap parou de realizar os pagamentos dos dividendos e dos juros à União. Além disso, em 2014 e 2015 efetuou pagamento de juros e dividendos ao DF, o que gerou um desequilíbrio financeiro entre seus acionistas.

Para a Terracap, os pagamentos foram interrompidos porque a União, indevidamente, não incorporou ao patrimônio da Terracap cinco imóveis (listados no OF N° 344 /2015/GAG, de 27 de novembro de 2015) e que isso afetaria a condição de acionista da União para o recebimento de proventos, seja na forma de dividendos, seja na forma de juros sobre o capital próprio.

A União, por seu turno, alegou que na época da constituição da empresa, fez a integralização do capital mediante bens inventariados e avaliados pela Comissão designada pelo Governo do DF e que, se os referidos bens ainda não foram registrados em nome da Terracap, tal fato decorreu de uma omissão dos seus administradores, e não da União.

Diante disso, a União afirmava haver um injusto desequilíbrio financeiro entre os sócios, uma retenção indevida de valores e que, como proprietária de 49% do capital, tem pleno direito ao recebimento dos dividendos (cerca de 417 milhões de reais) e dos juros sobre o capital próprio (cerca de 163 milhões de reais), valores que totalizam cerca de 580 milhões de reais (corrigidos até o ano de 2022).

A CCAF, então, entrou em cena a partir das seguintes e abaixo descriminadas estratégias de negociação até que as partes celebrassem um acordo:

> REUNIÕES PRELIMINARES: A Mediadora realizou uma série de reuniões preliminares com as partes, em que demonstraram interesse na busca por uma solução consensual ao conflito e disposição para a construção de opções, viabilizando que a CCAF admitisse o procedimento conciliatório.
>
> REUNIÕES MULTILATERAIS: Foram realizadas diversas reuniões com a presença da Terracap, Secretaria de Coordenação e Governança do Patrimônio da União (SPU), Procuradoria-Geral da Fazenda Nacional (PGFN) e Secretaria do Tesouro Nacional (STN).
>
> REUNIÕES UNILATERAIS: em virtude de uma divergência de entendimento entre as equipes da União (STN e SPU) no tocante ao objeto conciliável, a CCAF passou a realizar uma série de reuniões unilaterais com essas equipes a fim de compreender se a mediação ainda poderia ser frutífera.

> NOVA RODADA DE DEBATES: diante da compreensão de que a União mantinha interesse em buscar uma solução consensual, a CCAF instaurou uma nova rodada de debates que deu origem ao TERMO DE CONCILIAÇÃO N.º 03/2022/CCAF/CGU/AGU-CSM, fruto de uma elaboração conjunta das partes interessadas (Brasil, 2022c, p. 2 e 3).

A solução encontrada consensualmente entre as partes, após exaustivos debates, com o apoio dos especialistas em mediação da CCAF, foram as seguintes:

> OBRIGAÇÃO DE PAGAR DA TERRACAP: a Terracap reconhece que a União faz jus, desde a constituição da Companhia, a todos os direitos inerentes à sua condição de acionista, na forma das normas de Direito Societário. Nesse sentido, se compromete a promover o pagamento dos juros sobre capital próprio (JCP) e dos dividendos à União, reestabelecendo o equilíbrio financeiro entre os sócios, já que os JCP e dividendos foram pagos somente ao DF nos anos de 2014 e 2015. O pagamento à União consistirá no valor histórico de R$ 198.125.626,111, montante que será pago em 10 (dez) parcelas anuais, com atualizações de IPCA (calculadas da data do pagamento ao DF até a data do acordo) e atualizações da SELIC (no vencimento de cada parcela).
>
> OBRIGAÇÃO DE FAZER DA UNIÃO: a UNIÃO se compromete a adotar as ações necessárias para solucionar o conflito relativo ao registro dos imóveis, independentemente da data de conclusão da desapropriação, bem como reconhece a legitimidade da Terracap para adotar as providências de registro da transferência dominial para si. Os envolvidos não poderão se recusar a promover qualquer instrumento necessário para a regularização cartorial dos imóveis objetos desse acordo (Brasil, 2022c, p. 3).

Ao fim e cabo, múltiplos foram os benefícios para as partes, que, ao invés de submeterem seu conflito ao Poder Judiciário e aguardar, por anos a fio, o trânsito em julgado de uma sentença que talvez não pacificasse efetivamente a controvérsia, a própria Administração Pública, propiciando um ambiente de construção dialógica entre as partes, permitiu que uma complexa causa fosse resolvida sem a necessidade de um terceiro. Individualmente, estes foram os benefícios para a União e Terracap:

> PARA A UNIÃO: o fechamento do acordo encerra questões que já perduram há anos, como o debate acerca da transferência dos imóveis à Terracap e toda a questão relativa aos juros e dividendos. A União receberá milhões de reais em um período de tempo provavelmente menor do que o da via judicial, sem, contudo, incorrer nos riscos inerentes à judicialização. Além disso, o georreferenciamento será executado e custeado pela Terracap, custo esse que, fora de um ambiente consensual, seria imputado à União.
>
> PARA A TERRACAP E DF: será feita a rerratificação da Ata de Constituição da Terracap, pondo fim a quaisquer dúvidas até então existentes sobre a identificação dos bens e direitos destinados a compor seu patrimônio. O acordo permitirá à companhia a regularização cartorial dos imóveis nele constantes, o que viabilizará o efetivo domínio dessas áreas pela empresa. Isso possibilitará à Terracap auferir renda com elas, se for o caso, regularizar regiões hoje densamente povoadas e melhor planejar o desenvolvimento urbano, econômico, social e habitacional do DF (Brasil, 2022c, p. 4).

Como se nota dos dois casos explorados, a Administração Pública, notadamente a Administração Pública Federal, tem avançado significativamente na abertura de seus canais institucionais para que as partes, incluindo-se aí o próprio Estado, construam cooperativa e dialogicamente a melhor semântica do conceito de interesse público.

Mais precisamente, a própria Administração Pública, notadamente a CCAF, densifica o conceito de interesse público e realiza as premissas do paradigma consensualista quando ao invés de afirmar, de cima para baixo, o que é o interesse público, muitas vezes de forma lacônica, permite a construção da semântica de tal conceito a uma comunidade aberta de intérpretes da Administração.

De fato, Gustavo Justino de Oliveira e Otávio Venturini (2021) possuem razão quando, ainda em 2021, anotaram que a despeito do avanço teórico das bases do consensualismo, a sua prática ainda tem se revelado tímida.

Veja-se, ao lado, o histórico anual de procedimentos recebidos, encerrados, conflitos solucionados e não solucionados pelo CCAF de 2012 até o início de abril de 2024.

Levando-se em consideração que os 20 (vinte) maiores litigantes no Poder Judiciário brasileiro, segundo a Base Nacional de Dados do Poder Judiciário (DATAJUD), ainda são os poderes públicos de um modo geral, observa-se que, realmente, muito ainda falta para que o efetivo estabelecimento de uma cultura do acordo e da conciliação nos imbróglios envolvendo os poderes públicos.

O fato que mais importa é que as bases para que o desenvolvimento de uma cultura de acordo e negociação conciliada já estão bem assentadas em pressupostos teóricos e também em medidas de alcance prático. O caso-modelo institucional do CCAF é, mesmo com todos os refinamentos que qualquer estrutura administrativa naturalmente deve sempre passar ao seu constante aperfeiçoamento, um paradigma a ser seguido e adotado pelas demais estruturas e esferas da Administração Pública.

Há ganhos de eficiência econômica, social e temporal tanto para o Estado jurisdicionado, envolvido em um litígio, quanto para o próprio Estado jurisdição, que deve pacificar esse mesmo litígio. A um custo financeiro sobremaneira menor, o Estado, de modo cooperativo com o administrado ou mesmo com outro ente estatal, tomando

GRÁFICO 5 Painel da CCAF

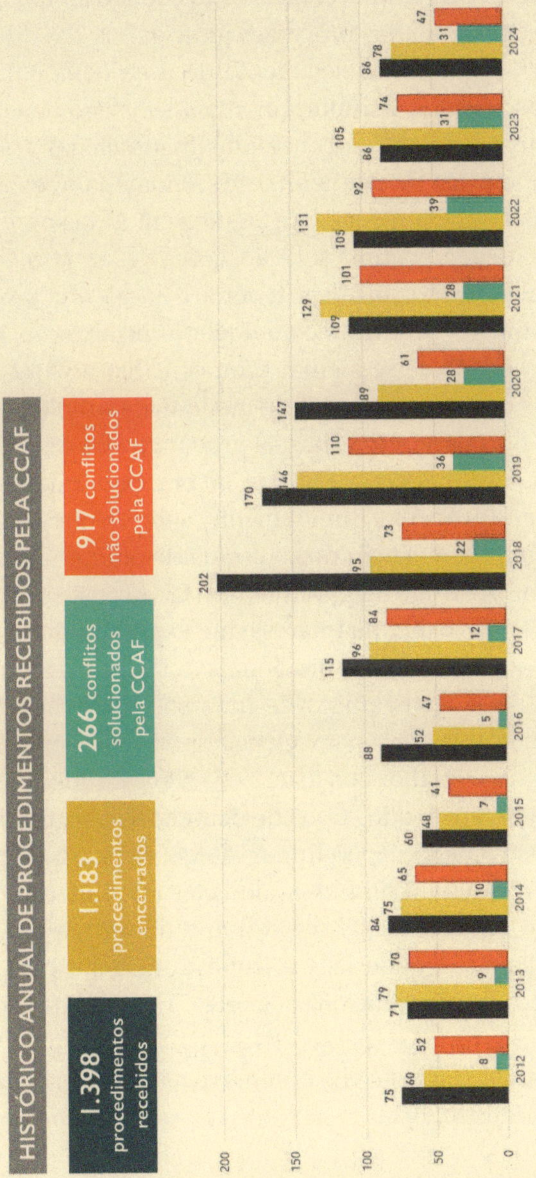

Fonte: https://www.gov.br/agu/pt-br/composicao/cgu/cgu/ccafdir/sobre. Acesso em 3/2/2025

as rédeas do destino de seus próprios problemas, os pacifica em reduzido tempo, considerado o longo tempo de tramitação, em geral, dos processos judiciais.

É certo que o estabelecimento de uma nova cultura e de novos padrões comportamentais são fenômenos que levam décadas para se consolidar institucional e socialmente. Para que não se tenha um fenômeno apenas teórico, mas também, de alcance prático em um espaço mais reduzido de tempo, uma solução, quiçá de *lege ferenda*, seja o estabelecimento, nas leis federal e locais do processo administrativo, de antes de qualquer judicialização, haja a obrigatoriedade de se mediar e/ou conciliar no âmbito da própria Administração. Ou, de modo mais simples, a criação, por normativas internas às procuradorias de todos os entes da Administração Pública, da obrigatoriedade de se mediar e/ou conciliar previamente, sempre que o direito em disputa permitir em razão de sua disponibilidade.

Enfim, fato é que inegavelmente o CCAF, da Advocacia-Geral da União, é uma interessante experiência por meio da qual, via diálogos institucionais, o Poder Judiciário no atual contexto mais amplo de uma sociedade hipercomplexa e contingente por excelência, pode se lastrear para permitir uma melhor construção de significados constitucionais a determinados tipos de demandas estruturais.

Trata-se da adoção, no limiar, do pensamento de possibilidades" (*Möglichkeitsdenken*) de Peter Häberle, cujo traço distintivo se caracteriza, como dito alhures, por ser uma "expressão, consequência, pressuposto e limite para uma interpretação constitucional aberta. Trata-se de pensar a partir e em novas perspectivas, questionando-se: "que outra solução seria viável para uma determinada situação?" (Mendes, 2013, p. 1022).

CONCLUSÃO

É certo que a globalização, a pós-modernidade e, mais recentemente, o advento da Quarta Revolução Industrial (Schwab, 2018) desencadeada com os disruptivos fenômenos tecnológicos da Inteligência Artificial ressignificaram profundamente a sociedade e o modo como ela se vê, se relaciona e, sobretudo, se estrutura funcionalmente em seus múltiplos subsistemas sociais, cada vez mais complexos e dotados de tecnicidades próprias.

Se, antes, o papel central do Direito era o de estabilizar expectativas normativas e assegurá-las institucionalmente por meio da força soberana dos Estados nacionais (*enforce to law*), agora, no contexto de uma sociedade globalizada heterárquica e difusa, o Direito se preocupa menos com a estabilização de expectativas normativas por decisões tomadas em um sistema decisionista *top down* (de cima para baixo), e mais com expectativas cognitivas de aprendizagem da interação do Direito com outros subsistemas sociais específicos e dotados de alta carga técnica.

Trata-se, como se viu, da leitura que Gunther Teubner, na década de 1990, faz da teoria dos sistemas de Niklas Luhmann e a ela conferindo contornos contemporâneos à luz do contexto de uma sociedade mundial globalizada.

Enquanto Luhmann, no contexto dos Estados nacionais, pensava o Direito produzindo a si mesmo através de si próprio mediante um código binário que diz o que é Direito e o que não é, Teubner encara a produção do Direito de forma contingente em suas interações com em outros subsistemas sociais complexos e altamente especializados no contexto da sociedade globalizada. Ricardo Campos traduziu com perfeição a nova semântica do Direito nas sociedades globalizadas na acepção de Gunther Teubner a partir de uma releitura da teoria luhmanniana dos sistemas:

> Em vez de programas condicionais e a estabilização de expectativas normativas, este Direito cognitivo, centrado na aprendizagem, estaria mais ligado a formas procedurais e à criação de fóruns que permitam a interação de diferentes racionalidades, o que serviria para possibilitar a geração de conhecimento híbrido e setorial dentro da sociedade global (Campos, 2022, p. 92).

Isto quer dizer, portanto, que o próprio papel dos Tribunais é ressignificado. Afinal, sob o paradigma legalista do Estado moderno cabia a eles, Tribunais, assegurarem o cumprimento de expectativas normativas em torno de uma legalidade que se fundava de modo autorreferente em si própria (Direito/não Direito).

Por outro lado, sob o paradigma da globalização e de um constitucionalismo fragmentário, o Direito, que precisa lidar com realidades altamente complexas e em relação às quais não possui expertise técnica, deve adotar uma postura de autocontenção para, ao invés de proferir decisões verticalmente com base em argumentos puramente jurídico-políticos, abrir-se a essa complexidade híbrida do conhecimento de variadas estruturas, criando as condições de possibilidade para que estes outros atores interajam livremente para decidir, tecnicamente, a melhor solução para os seus problemas jurídicos.

Noutras palavras, o Direito deixa de ser protagonista em certas questões de natureza técnico-especializada para, ao invés disso, criar as estruturas e pavimentar os caminhos, procedimentalmente abertos, necessários à abertura do diálogo e construção de soluções pelos próprios agentes técnicos. Aos Tribunais, cabe, como exaustivamente abordado, o estabelecimento de formas organizacionais e a criação de parâmetros de ação para a produção de normatividade jurídica em um ambiente de práticas sociais hipercomplexas. Afinal, consoante aponta Georges Abboud (2021, p. 497), "a decisão judicial não tem estrutura suficiente para conseguir lidar com determinados temas porque o próprio direito materializado não contém o conhecimento necessário para construção da decisão". E a sugestão à superação desse problema pós-moderno é fornecida pelo autor a partir de duas sugestões:

> Perante esse dilema há dois caminhos: a) o primeiro é resgatar uma visão de *self-restraint* e afirmar a impossibilidade de a Jurisdição Constitucional sequer autorizar a judicialização desses temas complexos justamente por demandarem conhecimentos metajurídicos; e b) reconhecer a insuficiência do paradigma da decisão para algumas questões contemporâneas e buscar fornecer subsídios para um novo modelo que confira à jurisdição constitucional novos mecanismos, para além da decisão tradicional, para lidar com a complexidade contemporânea (Abboud, 2021, p. 497).

De certo, e consoante refletido ao longo deste trabalho, que o segundo caminho é o mais consentâneo e afinado à cláusula constitucional da inafastabilidade da jurisdição (CF/88, art. 5º, XXXV). Qual seria, então, a fórmula inovadora possível "que confira à jurisdição constitucional novos mecanismos, para além da decisão tradicional, para lidar com a complexidade contemporânea"?

Sem dúvida, é o acordo, a conciliação, a mediação, a transação ou qualquer outro nome que se queria conferir à tentativa das próprias partes de construírem intersubjetivamente a resposta que melhor regulará, sob um prisma técnico-científico, os seus interesses.

Por que, então, seria o acordo a melhor forma de, a um só tempo, melhor pluralizar/democratizar o processo e, sobretudo, de permitir a construção de decisões mais qualificadas sob uma ótica técnico-científica ou mesmo política?

Porque não é um terceiro, imbuído de algum grau de autoridade e distanciamento frente às partes, que sequer conhece o problema em sua raiz mais profunda ou mesmo conhece os meandros técnico-científicos da querela, quem dará a última palavra sobre a melhor solução para o caso.

São as próprias partes, por intermédio da conciliação ou mediação, a depender da hipótese, quem construirão coletiva e intersubjetivamente a melhor e mais qualificada solução para os seus problemas. Não há um terceiro oferecendo, de cima para baixo, verticalmente, uma decisão que pode desagradar a todos e aprofundar ainda mais a situação do litígio. A um só tempo, especialmente no plano geral da jurisdição, dentre outros:

a) o acordo promove ganhos de eficiência econômica, porque reduz um custo elevado com a litigiosidade, seja para o Estado, seja para as próprias partes;

b) reduz o ônus do tempo na solução das controvérsias, eis que as partes não ficam indefinidamente submetidas às agruras do Poder Judiciário assoberbado de processos;

c) a solução do litígio não fica submetida ao grave problema da insegurança jurídica que paira no Brasil, na medida em que serão as próprias partes quem, mediante concessões mútuas, construirão o conteúdo da decisão que regulará aspectos conflituosos de suas vidas. Quer dizer, as partes não ficarão submetidas ao arbítrio de decisões construídas ao largo dos aspectos verdadeiramente adequados da causa;

d) ao transigirem as partes são, necessariamente, obrigadas a se reconciliar e a reatar os laços de boa convivência e fraternidade que foram quebrados pelo litígio. Isto é, o conflito tem uma potencialidade maior de ser resolvido em seu âmago, porque as partes devem, necessariamente, dialogar entre si e construir uma solução conjunta para o problema. Quando um terceiro, alheio ao problema, arbitra uma solução verticalmente, esta pode acirrar ainda mais os ânimos e agravar o estado de litigiosidade existente entre as partes; o acordo não soluciona apenas o conflito, mas sim equaliza os interesses, resolvendo o problema em sua raiz.

e) e, nesta ordem de ideias, a desobstrução do Poder Judiciário é só uma consequência da redução da litigiosidade perante o Estado.

Variados, portanto, os ganhos de eficiência promovidos pelo acordo em detrimento do método clássico de adjudicação de controvérsias. Não se quer dizer, com isso, que o acordo seja a solução para todos os problemas da morosidade e do excesso de demandas que atualmente acometem o Poder Judiciário brasileiro.

Tampouco seria responsável ou cientificamente correto afirmar que o acordo, via mediação ou conciliação, é o método resolutivo de lides mais adequado em toda e qualquer hipótese. Se é verdadeira a premissa segundo a qual o acordo funciona como a melhor saída para a resolução de determinados conflitos, para outros, talvez a jurisdição estatal seja a forma que melhor acomode expectativas normativas conflitantes. Por vezes, a intenção deliberada de não transigir em torno de posições jurídicas e visões de mundo conflitantes é uma estratégia adotada pelos atores sociais. É dizer, não raro, delegar uma solução para que outro, imperativamente, decida, é também uma estratégia de transação.

Basta lembrar das vezes que o Congresso Nacional ou mesmo outros poderes preferem se omitir sobre determinadas questões constitucionais sensivelmente relevantes para o país ou para a fruição de direitos fundamentais exatamente porque o silêncio é, por variadas razões, uma estratégia que melhor acolhe os interesses de uma dada comunidade. O não acordo, a ausência de consenso é, portanto, paradoxalmente um acordo sobre o que não fazer. Trata-se de silencio eloquente que traduz exatamente uma transação implícita de uma dada coletividade sobre o que não fazer.

Para estas hipóteses, especialmente quando em jogo a fruição de direitos fundamentais, inegavelmente uma decisão judicial tomada verticalmente de cima para baixo, em um modelo *top down*, é a única e inevitável solução para se acomodar expectativas normativas, ao menos provisoriamente. É a típica hipótese em que o dito poder geral de cautela, decorrente da cláusula constitucional da inafastabilidade da jurisdição (CF, art. 5º, XXXV), deve ser exercido para evitar ou para assegurar o regular exercício de um direito fundamental, ainda que os contornos meritórios destes direitos fundamentais sejam, posteriormente, em seu conteúdo, construídos e preenchidos de modo aberto por todos os atores envolvidos. Noutras palavras, em certas situações de urgência, uma tutela liminar acautelatória é o único remédio adequado para sustar ou evitar perecimento e/ou assegurar o exercício de direitos, exatamente do monopólio da força que o Estado detém para fazer valer suas prescrições de modo coercitivo.

Todavia, acomodada a situação de urgência que reclamou uma atuação proativa sob um prisma jurídico-positivo, com a sua coercitividade, cabe aos próprios interessados que serão afetados pela norma constitucional a ser criada hermeneuticamente imprimir, consensualmente, o melhor sentido a que a ela será dado. Esta é, para a conclusão deste trabalho, obviamente sempre contingente e aberta a mudanças, como é o próprio Direito globalizado pós-moderno, a solução menos invasiva das escolhas éticas e técnicas daqueles que exercerão o direito fundamental e daqueles que, por alguma razão, podem pretender limitá-lo, quiçá para exercer outro direito fundamental igualmente legítimo que porventura conflite com o daquele outro.

Não mais o Estado-Jurisdição precisará se valer de técnicas de ponderação, por vezes criticáveis por envolverem um elevado grau de subjetividade de um terceiro que a aplica, para acomodar direitos em conflito. Afinal, serão todos os afetados e envolvidos que construirão a melhor solução, consensualmente, para os seus problemas e fruição de direitos.

Essa premissa se torna ainda mais interessante quando em jogo não apenas direitos fundamentais dotados de elevado conteúdo ético, mas, sobretudo, questões de natureza científica e técnica de outras áreas do saber, oriundas de outros subsistemas sociais para os quais o Direito não possui expertise técnica. Não raro, os Tribunais, especialmente a jurisdição constitucional do Supremo Tribunal Federal, como órgão de cúpula do Poder Judiciário brasileiro responsável por assegurar, ou mesmo reconhecer, em último e mais autorizado grau, direitos fundamentais, veem-se diante de problemas em relação aos quais não possuem uma parametrização constitucional diretamente relacionada.

Neste sentido, caberia ao Estado-Jurisdição, então, criar as condições de possibilidade e pavimentar os caminhos procedimentais ou procedurais para que os atores constitucionais envolvidos construam, intersubjetivamente, a solução material de seus problemas. Ao Estado, apenas o aspecto formal de controle da criação e da verificação da execução de uma decisão tomada coletivamente.

É fato que nem sempre só abrir caminhos procedimentais para a construção de acordos e consensos vai pacificar, ainda que provisoriamente, um problema normativo de contornos técnicos e especializados de outros subsistemas sociais. Não se desconhece que, por vezes, o acordo é uma forma de escamotear a não resolução do problema em sua raiz ou é utilizado como forma de dominação de uma parte sobre a outra. Para esta última hipótese, a jurisdição constitucional serviria a esse propósito de controle de abusos. Para a primeira situação, de impossibilidade de transação, uma solução vertical proferida pelo Tribunal é a última e única possibilidade.

Isto significa, portanto, que não há uma única e específica adequada forma de resolução de controvérsias no atual contexto hipercomplexo de uma sociedade e de um constitucionalismo fragmentados. É a conjuntura fática, a situação concreta e os ímpetos subjetivos e objetivos dos atores constitucionais que dirão a melhor forma de se acomodar uma determinada expectativa normativa sem que se descuide de uma expectativa cognitiva de aprendizado. Daí a beleza do termo *método adequado,* no sentido da solução mais eficaz ao caso.

Ao longo desta dissertação destacamos a crise da legalidade e de certo comportamento decisionista que se constituiu como principal elemento do constitucionalismo da modernidade. Trata-se de circunstância e de reconhecido feito pelo próprio Supremo Tribunal Federal quando reconhece que, para certas matérias dotadas de elevada carga técnica, a Suprema Corte não detém *capacidade institucional.* A ideia do acordo, pois, surge de tal celeuma, como instrumento *procedural* de obtenção de soluções satisfatórias. Assim decidiu, exemplificativamente, o Supremo Tribunal Federal quando julgou, por seu Tribunal Pleno, a Suspensão de Liminar 1425/DF:

> No ponto, cumpre salientar que, em ostentando a matéria controvertida natureza técnico-científica por excelência, relacionada aos impactos biológicos da importação de produto

> sobre a fauna nacional, cabe ao Poder Judiciário atuar em princípio com deferência em relação às decisões técnicas formuladas por órgãos governamentais que detém maior capacidade institucional para o equacionamento da discussão. Assim, existindo, como no presente caso concreto, decisão administrativa suficientemente fundamentada e sem aparente ilegalidade, há de se reconhecer a plausibilidade das alegações formuladas pela União (Brasil, 2021, p. 4).

Embora a rigor nestas hipóteses, quando invoca a sua (in)*capacidade institucional* de emitir decisões jurídicas sobre aquilo que não é jurídico, mas técnico-especializado, o Supremo Tribunal Federal acaba por não conhecer de tais pretensões, negando cognição às ações que veiculem tais matérias e mantendo ou devolvendo às esferas técnicas as decisões por elas tomadas.

Conquanto legítimas, é fato que por vezes estas decisões podem ser tecnicamente equivocadas. Pode o Supremo Tribunal Federal, se assim entender, ao invés de porventura chancelar um abuso administrativo travestido de tecnicidade devolvendo a questão à instancia técnica, criar as condições de possibilidade e o espaço debate para que as partes, no próprio âmbito da jurisdição constitucional, possam, se possível, rever o mérito técnico daquela decisão.

Simultaneamente, ter-se-ia, por um lado, a (re)abertura de um debate relevante a nível técnico entre os próprios interessados, que podem chegar a um consenso e reverem, substancialmente e de modo consensual, a norma que regula suas pretensões e, por outro, o próprio Supremo Tribunal Federal chamaria para si e para o âmbito da sua jurisdição, o espaço e fórum de resolução destes problemas, sem, contudo, incorrer em um déficit de legitimidade.

Ao contrário, por não se imiscuir na substância e no conteúdo meritório da decisão, mas, tão somente, na forma e no controle de sua formação e execução, a Suprema Corte estaria adotando um comportamento minimalista e deferente aos atores constitucionais de natureza técnica, sem, todavia, apenas negar cognição e fechar os espaços de debate com o não conhecimento de ações e recursos que versem matérias técnicas.

Criada estaria, então, as condições de possibilidade para uma calibragem institucional entre deferência à construção de decisões técnicas em um ambiente jurisdicional, de cariz estatal, procedimentalmente controlado. Ou, em outras palavras, haveria um equilíbrio entre o comportamento de uma Suprema Corte altiva sem que ela seja necessariamente ativa ou ativista, problema dos mais complexos na atual quadra do constitucionalismo global que, embora não seja o objeto de estudo deste trabalho, acaba por corroer a legitimidade democrática das Supremas Cortes ao redor do mundo de um modo geral.

Como se anotou, a unânime homologação do acordo celebrado no âmbito da ADPF 165/DF representa uma verdadeira guinada interpretativa do Supremo Tribunal Federal em torno dos limites das ações judiciais de controle concentrado de constitucionalidade, notadamente no que tange a aspectos relacionados ao seu cabimento, como é a celebração de acordos no bojo de processos de índole objetiva. Afinal, como se viu, até então celebrar acordo em sede de ações constitucionais de feição objetiva e abstrata era prática ortodoxa e mesmo vedada.

O certo é que, o Supremo Tribunal permitiu, notadamente a partir do marco histórico da ADPF 165/DF, a autocomposição no seio da jurisdição constitucional abstrata, em processos de natureza objetiva. Todavia, assim o permitiu **a)** apenas para tutelar conflitos em torno de direitos subjetivos laterais e incidentais à questão constitucional principal e **b)** também porque não se comprometeu com as teses jurídicas articuladas pelas partes ao longo das tratativas para o acordo (Brasil, 2018). Ao assim proceder, de um lado, o Supremo abandonou uma visão tipicamente ortodoxa do controle abstrato de constitucionalidade e de seus pertinentes veículos processuais articuladores de questionamento da lei em tese; e, de outro, agiu como verdadeiro árbitro de interesses ao criar procedimentalmente, sem ingressar no mérito da disputa, as condições de possibilidade para que as próprias partes envoltas em um conflito de base constitucional construam por si a solução material que melhor poderá regular seus interesses.

Afinal, só mesmo uma solução negociada entre os próprios afetados e a quebra de uma ortodoxia processual no âmbito de processos de índole objetiva foi capaz, naquele momento, de solucionar adequadamente o "vai-volta, bate-volta das ações processuais" que nunca terminavam, ao ponto de o Ministro Gilmar Mendes advertir que "chega um momento que, inclusive, é impossível ter qualquer racionalidade em torno dessa temática" (Brasil, 2018, p. 34).

Se, num plano puramente teórico e normativo, o Supremo Tribunal em relativamente poucos anos caminhou a passos largos para se tornar uma Corte Constitucional mais minimalista, menos decisionista e, sobretudo, menos ativista porque franqueia aos sujeitos constitucionais interessados a possibilidade de, por si, construírem uma solução aberta e dialógica, basta saber empiricamente como a Corte caminhou, de 2018 a 2023 na utilização de acordos para questões constitucionais sensíveis para a qual a Corte não detém, propriamente, capacidade cognitiva.

Entre a homologação do acordo na ADPF 165/DF, em 2018, e o aprimoramento do CESAL/STF, em 2022, para que, entre suas atividades, sejam resolvidos pela via do acordo demandas estruturais de competência da Corte, passaram-se em média 4 (quatro) anos.

Breve, portanto, o período entre uma posição tradicionalmente adotada pela Corte de não chancelar, de modo algum, soluções negociadas no bojo de processos de natureza objetiva e a autorização para que até mesmo demandas estruturais, assim consideradas aquelas que envolvem "uma estrutura pública ou privada que se encontra em um estado de desconformidade estruturada" (Araújo; Pereira, 2022) e que, não raro, reclamam um rearranjo na dinâmica da separação de poderes porque prescindem da adoção de políticas públicas.

Nesse intervalo de em média 4 (quatro) anos, do que se coletou do sítio eletrônico do Supremo Tribunal Federal, na aba específica de pesquisa jurisprudencial, verificou-se que a Corte homologou, exclusivamente em sede de controle concentrado de constitucionalidade, porque este é o recorte deste estudo, excluindo-se a ADPF 165/DF, 5 (cinco) acordos em sede de fiscalização abstrata.

Deste diminuto universo amostral de 5 (cinco) ações de controle concentrado de constitucionalidade, há um bloco de ações que veiculam exatamente a mesma matéria e cujos acordos foram celebrados conjuntamente, existindo, efetivamente, apenas 4 (quatro) acordos homologados por matéria.

Afinal, embora o Supremo Tribunal Federal, teoricamente, tenha caminhado no sentido de permitir a adoção de soluções negociadas inclusive no âmbito de processos estruturais, que envolvem temas complexos de direitos fundamentais que perpassam outros poderes, na prática não houve absolutamente nenhum acordo desta natureza neste intervalo temporal que verse sobre uma discussão constitucional que diga, diretamente, respeito a direitos fundamentais.

Como se viu, os sujeitos constitucionais que adotaram uma solução aberta e dialógica no âmbito da Corte foram, rigorosamente todos eles, entes políticos da Federação. Mesmo nos casos que contaram com a presença de *amicus curiae*, tais amigos da corte não estavam afiançando, sob um prisma técnico, uma opinião socialmente relevante em torno de um direito fundamental sensível.

O fato é que, embora os veículos processuais de feição objetiva sejam os principais meios de articulação de direitos fundamentais propriamente ditos e embora, em um breve espaço de tempo, a Corte tenha institucional e normativamente se organizado para permitir soluções negociadas, na prática a Corte foi pouco ou nada aderente aos benefícios propiciados pelo acordo e pela razão procedural.

Há algumas razões, de difícil verificação empírica, que concorrem simultaneamente para justificar essa baixa adesão às práticas negociadas no âmbito institucional do CESAL/STF em relação especificamente aos processos de fiscalização abstrata de constitucionalidade.

Em primeiro lugar, pode-se apontar como causa à baixa adesão o breve espaço de tempo de abertura institucional do Supremo Tribunal Federal para adoção de soluções negociadas, notadamente em sede de controle abstrato de constitucionalidade.

Não há sequer uma década entre julgamento paradigmático da ADPF 165, em 2018, até o presente momento. Aliás, entre o julgamento da aludida ADPF e institucionalização de um centro específico de negociação na Suprema Corte foram necessários 4 (quatro) anos. Tudo a evidenciar que, apesar do rompimento de paradigma, a difusão de uma nova cultura não ocorre de modo ligeiro.

Inegavelmente, ainda há pouca cultura jurídico-institucional difundida em torno das potencialidades no acordo no âmbito da jurisdição constitucional abstrata exercida pelo Supremo Tribunal Federal, especialmente quando em jogo questões altamente complexas, seja de direitos fundamentais, impregnadas de elevada carga ética, seja de direitos fundamentais com temperamentos técnicos, dotadas de alta carga científica não jurídica.

Para os professores Marco Antonio Rodrigues e Maurício Tamer (2021, p. 64), há, entre nós, uma forte "cultura jurídico-litigiosa que ainda remanesce nas várias entranhas sociais brasileiras".

Em segundo lugar, ainda há baixa divulgação e incitação, como matéria obrigatória, de todas as facetas e nuances das soluções negociadas no âmbito das academias de Direito brasileiras. Poucos, infelizmente, ainda são os profissionais dotados de amplo conhecimento técnico sobre tais técnicas. No ponto, uma vez mais os professores Marco Antonio Rodrigues e Maurício Tamer fazem o seguinte diagnóstico em relação ao conhecimento de soluções consensuais no âmbito da jurisdição ordinária:

> Não se ignora a existência de uma série de cursos de extensão ou pós-graduação sobre o tema, mas eles acabam, aparentemente e dentro do que esses autores podem visualizar, ficar adstritos a um número menor de profissionais vocacionados ou interessados. Na graduação, onde o despertar da importância do tema deveria ser fomentada, inclusive com a indicação de uma possibilidade profissional satisfatória, por vezes o tema é relegado a disciplinas meramente optativas, sendo tratado muito *ver passant* nas aulas de Civil ou processo civil (Rodrigues; Tamer, 2021, p. 64).

Se de um modo geral as soluções negociadas são ainda pouco estimuladas e o conhecimento a respeito delas é pouco difundida nas Faculdades de Direito, parece que, em relação especificamente à possibilidade de acordos no âmbito da jurisdição constitucional do Supremo Tribunal Federal, notadamente no âmbito das ações de fiscalização abstrata, o conhecimento técnico de advogados para atuarem em tal área e, sobretudo, de estudantes de Direito em saber desta possibilidade é ainda menor.

Isso se torna mais verdadeiro se colocado em perspectiva o fato de que, tradicionalmente, o estudo das ações de fiscalização abstrata é vocacionado a ensinar que, nas ações de constitucionalidade de competência do Supremo Tribunal Federal, descabe a transação porque o que se tutela é a força normativa da Constituição sob um prisma objetivo.

É absolutamente fundamental, portanto, e este trabalho se direciona de algum modo a suprir minimamente esta lacuna, o desenvolvimento de uma nova doutrina do acordo na jurisdição constitucional abstrata e que esta doutrina seja reverberada nos meios acadêmicos brasileiros. Interessante também seria uma iniciativa institucional, do próprio Supremo Tribunal Federal, conferindo ampla publicidade a tais práticas, especialmente divulgando e conscientizando de seus benefícios. Não deixaria, de certo, de ser um meio de difusão de conhecimento àqueles profissionais do Direito que não possui uma rotineira atuação na Corte.

Em outros termos, a própria doutrina da jurisdição constitucional mereceria uma revisão para além do óbvio de que em processos objetivos abstrai-se o caráter intersubjetivo da discussão, e abordar a abertura cognitiva da Corte, especialmente em ADPF, em que se discute temas, que necessariamente afetam grupos, segmentos, ou mesmo toda a sociedade. A jurisdição constitucional tradicional, de Kelsen, não resolve a dinâmica atual dos fatos e da vida.

Por outro lado, iniciativa talvez mais efetiva e incisiva da adoção das técnicas de negociação no âmbito das ações de fiscalização abstrata no Supremo Tribunal Federal fosse, de *lege ferenda*, alterar-se a Lei n. 9.869/99 e a Lei n. 9.882/99, que regulam as ações de controle concentrado no Supremo Tribunal Federal, para tornar obrigatório, à semelhança, por exemplo, do que se sucede no procedimento comum ordinário no âmbito do Código de Processo Civil, que, quando da citação, o réu seja citado primeiro para uma audiência prévia e obrigatória de conciliação, e não para apresentar contestação (CPC, art. 334).

No caso das ações de controle concentrado, deferido ou indeferido um pedido de medida cautelar, antes de se definir o rito sob o qual tramitará a ação, proceder-se-ia à intimação de todos os interessados para informar se há possibilidade de acordo e se sim, quais seriam as balizas mínimas. Existindo tal possibilidade, designada seria uma audiência de conciliação e suspenso seria o curso do processo até a resolução das tratativas entre as próprias partes. Caberia ao Supremo, neste particular, apenas criar as condições de interação entre as partes e monitorar a criação e a execução de eventual acordo.

Outra possibilidade, menos formal e provavelmente mais célere para se tornar obrigatória a tentativa de adoção das soluções negociadas, talvez seja a institucionalização da obrigatoriedade da informação, já no início das ações de fiscalização abstrata, do interesse e da possibilidade de se transacionar por meio de Resoluções baixadas pelo próprio Supremo Tribunal Federal, notadamente por sua Presidência após a deliberação e aquiescência de todos os Ministros e Ministras que integram a Corte.

Há múltiplos desenhos possíveis de normatização da matéria para torná-la cogente no âmbito das ações de fiscalização abstrata de constitucionalidade no Supremo Tribunal Federal, inclusive a celebração de convênios com outros poderes e órgãos da Administração Pública para que, antes mesmo da submissão da matéria à cognição do Supremo Tribunal Federal, seja ela submetida a prévia tentativa de resolução consensual, a exemplo do que ocorre com o CCAF da AGU. Afinal, também há construção de significados constitucionais pela comunidade aberta de intérpretes da Constituição para além dos perímetros da jurisdição constitucional.

Definitivamente, não há um único modelo certo ou a forma adequada de se incutir, no seio da jurisdição do Supremo Tribunal Federal, a ideia de que, para certos tipos de demandas, só mesmo um acordo e uma solução negociada pode ceifar, na raiz mais profunda do problema, um conflito complexo para o qual uma solução meramente jurídica é insatisfatória.

Todavia, uma circunstância é incontroversa: o Supremo Tribunal Federal, quando exerce a sua jurisdição abstrata vocacionada a tutelar, essencialmente, direitos fundamentais, deve se abrir a um paradigma procedural que a faça ser mais reflexiva e aberta cognitivamente à aprendizagem com outros subsistemas sociais. O acordo é, portanto, o instrumento processual do Estado Constitucional pós-moderno da jurisdição constitucional que cria, por excelência, as condições de possibilidade para esse aprendizado.

Ao fim e ao cabo, essa é inescapável forma de se assegurar a autonomia do Direito e da própria Democracia, ontologicamente marcados, na pós-modernidade, à incerteza, porquanto contingentes e plurais.

PÓSFÁCIO

O leitor que chegou ao final dessa obra – *O Acordo na Jurisdição Constitucional* – certamente percebeu ser um trabalho com a marca da originalidade de alguém experimentado nos gabinetes, corredores e escaninhos dos tribunais brasileiros, em especial, do Supremo Tribunal Federal, cujo procedimento jurisdicional é tema da análise histórica, crítica e construtiva de Marcus Vinicius Vita.

Ao defender a ideia de que os acordos consensuais no Supremo Tribunal Federal são importantes ferramentas de solução de conflitos constitucionais complexos, que não comportam soluções nos moldes da vetusta técnica processualística e do modelo verticalizado kelseniano, Marcus Vinicius Vita revisita sua experiência como um dos participantes direto do exitoso acordo realizado na ADPF 165/DF, que culminou no pagamento, pelo sistema financeiro aos poupadores, da diferença dos expurgos inflacionários decorrentes dos planos econômicos havidos no Brasil no final da década de oitenta e início da década de noventa.

A obra traz noções de "direito procedural", ressaltando o termo "proceduralização" e evocando o pensamento de autores como Niklas Luhmann e Gunther Teubner, dentre outros, para sustentar que as cortes constitucionais contemporâneas devem, sempre que necessário e possível, se colocarem como árbitras de disputas negociadas sob arranjos procedimentais construídos sob planos horizontalizados entre os diversos atores. Nas palavras do próprio autor:

"A proceduralização, portanto, nada mais é do que uma atitude ou uma postura minimalista de humildade institucional (judicial self-restraint) capaz de substituir a pretensão de uma jurisdição constitucional plenipotente fiada na falsa crença de estar apta a decidir sobre todos os temas. Trata-se, portanto, de um reconhecimento de que o papel contramajoritário da jurisdição constitucional deve ser exercido com parcimônia".

Paulistano, Marcus Vinicius Vita está enraizado em Brasília, onde solidifica o nome da advocacia pioneira e competente do grande jurista carioca, Professor Arnoldo Wald.

Eu, como membro do Supremo Tribunal Federal, e um dos Ministros que atuou na construção do acordo na ADPF 165/DF, sou testemunha da combatividade e cultura jurídica de Marcus Vinicius Vita, sempre expressadas em suas competentes peças e argumentações, qualidades que só se acrescem às muitas razões para a leitura da presente obra.

Brasília-DF, 19 de março de 2025.

José Antonio Dias Toffoli
Ministro do Supremo Tribunal Federal

REFERÊNCIAS

ABBOUD, Georges. **Ativismo Judicial***: os perigos de se transformar o STF em inimigo ficcional.* 2. ed. São Paulo: Thomson Reuteurs, 2023.

ABBOUD, Georges. **Direito Constitucional Pós-moderno**. São Paulo: Thomson, 2021.

ABBOUD, Georges. Integração Brasil e Europa: os desafios da regulação estatal 2.0. **Consultor Jurídico CONJUR**, 4 abr. 2022. Disponível em: https://www.conjur.com.br/2022-abr-04/georges-abboud-desafios-regulacao-estatal-20. Acesso em: 19 jun. 2023.

ARAÚJO, José Henrique Mouta; PEREIRA, Bernardo Augusto da Costa. Processos estruturantes, ativismo judicial e separação de poderes. **Consultor Jurídico CONJUR**, 22 abr. 2022. Disponível em: https://www.conjur.com.br/2022-abr-27/opiniao-processos-estruturantes-ativismo-judicial. Acesso em: 19 jun. 2023.

BAUMAN, Zygmunt. **Modernidade Líquida**. 1. ed. Rio de Janeiro: Zahar, 2018.

BOBBIO, Norberto. **Estado, governo e sociedade**. 4. ed. Rio de Janeiro: Paz e Terra, 1987.

BRASIL. Advocacia Geral da União. Câmara de Mediação e de Conciliação da Administração Pública Federal – CCAF/CGU/AGU. **Termo de Conciliação 03/2020 CCAF/CGU/AGU**. Brasília, 15 de julho de 2020 [2020ª]. Disponível em:

https://www.gov.br/agu/pt-br/composicao/cgu/cgu/ccafdir/arquivos/nup-71000-038828-2020-31-ccaf-2020.pdf. Acesso em: 27 ago. 2024.

______. Advocacia Geral da União. Câmara de Mediação e de Conciliação da Administração Pública Federal – CCAF/CGU/AGU. **Termo de Conciliação 03/2022/ CCAF/CGU/AGU-CSM**. Brasília, 11 de março de 2022 [2022c]. Disponível em: https://www.gov.br/agu/pt-br/composicao/cgu/cgu/ccafdir/arquivos/termo-de-conciliacao-03-2022-ccaf-cgu-agu-csm.pdf. Acesso em: 27 ago. 2024.

______. Congresso Nacional. Câmara dos Deputados. Comissão Especial destinada a proferir parecer ao Projeto de Lei 6.025, de 2005, ao Projeto de Lei 8.046, de 2010, ambos do. Senado Federal. **Código de Processo Civil**. Brasília: Câmara dos Deputados, 2012. Disponível em:

https://www.camara.leg.br/proposicoesWeb/prop_mostrarintegra?codteor=1 104534&filename=PRL+5+PL602505+%253D%253E+PL+6025/2005. Acesso em: 8 dez. 2022.

______. Conselho Nacional de Justiça. **Relatório da Justiça em Números de 2024.** Conselho Nacional de Justiça, Brasília. Disponível em: https://justica-em-numeros.cnj.jus.br/painel-estatisticas/. Acesso em 03 de março de 2024.

______. Supremo Tribunal Federal (1. Turma). **Mandado de Segurança 37.178/DF**. Mandado de segurança. Direito constitucional e administrativo. Conselho nacional do ministério público – CNMP. Processo administrativo disciplinar. Promotor de justiça estadual. Manifestações no 'Facebook'. [...]. Impetrante: Eugenio Paes Amorim. Impetrado: Conselho Nacional do Ministério Público. Relator: Min. Luiz Fux, Brasília, 19 de ago. de 2020 [2020b]. Disponível em: https://redir.stf.jus.br/paginadorpub/paginador.jsp?docTP=TP&docID=753679520. Acesso em: 27 ago. 2024.

______. Supremo Tribunal Federal (Plenário). **Ação Direta de Inconstitucionalidade 1.434/SP**. Ação direta de inconstitucionalidade – constituição do Estado de São Paulo (art. 101) – equiparação, em vencimentos e vantagens, entre Procuradores do Estado e Procuradores autárquicos – alegação de ofensa à Constituição Federal (art. 37, XIII; art. 39, § 1º e art. 61, § 1º, II, c) – Plausibilidade jurídica – Medida Cautelar deferida com eficácia *ex nunc*. [...]. Requerente Governador do Estado de São Paulo. Requerido: Assembleia Legislativa do Estado de São Paulo. Relator: Min Celso de Mello, Brasília, 29 de agosto de 1996. Disponível em: https://redir.stf.jus.br/paginadorpub/paginador.jsp?docTP=AC&docID=347055. Acesso em: 27 ago. 2024.

______. Supremo Tribunal Federal (Plenário). **Ação Direta de Inconstitucionalidade 7.191/DF**. Acordo em Ação Direta de Inconstitucionalidade e Arguição de Descumprimento de Preceito Fundamental. 2. Discussão sobre a constitucionalidade das Leis Complementares 192/2022 e 194/2022, diante do art. 155, §§ 2º, 4º, IV, e 5º, da Constituição Federal, entre outros. 3. ADI 7.191. [...]. Requerente: Presidente da República. Requeridos: Governadores dos Estados e do Distrito Federal. Relator: Min. Gilmar Mendes, Brasília, 15 de dezembro de 2022 [2022b]. Disponível em: https://redir.stf.jus.br/paginadorpub/paginador.jsp?docTP=TP&docID=765015806. Acesso em: 27 ago. 2024.

______. Supremo Tribunal Federal (Plenário). **Acordo na Arguição de Descumprimento de Preceito Fundamental 165/DF**. Acordo coletivo. Planos econômicos. Expurgos inflacionários. Viabilidade. Legitimados coletivos privados. Natureza delibatória da homologação. Requisitos formais presentes. Representatividade adequada. Publicidade ampla. [...]. Requerente: Confederação Nacional do Sistema Financeiro – CONSIF e a Federação Brasileira de Bancos – FEBRABAN. Requerido: Instituto Brasileiro de Defesa do Consumidor – IDEC, pela Frente Brasileira pelos Poupadores – FEBRAPO e outras entidades representantes dos poupadores. Relator: Min. Ricardo Lewandowski, Brasília, 1º de março de 2018. Disponível em: https://redir.stf.jus.br/paginadorpub/paginador.jsp?docTP=TP&docID=752370270. Acesso em: 27 ago. 2024.

______. Supremo Tribunal Federal (Plenário). **Arguição de Descumprimento de Preceito Fundamental 347/DF**. Direitos fundamentais dos presos. ADPF. Sistema carcerário. Violação massiva de direitos. Falhas estruturais. Necessidade de reformulação de políticas públicas penais e prisionais. Procedência parcial dos pedidos. Requerente: Partido Socialismo e Liberdade – PSOL. Intimado: União e Governadores Estaduais e do Distrito Federal. Relator: Min. Marco Aurélio, Brasília, 4 de outubro de 2023 [2023ª]. Disponível em: https://redir.stf.jus.br/paginadorpub/paginador.jsp?docTP=TP&docID=773553256. Acesso em: 27 ago. 2024.

______. Supremo Tribunal Federal. **Arguição de Descumprimento de Preceito Fundamental 568/PR**. Requerente: Procuradoria-Geral da República. Intimado: Juíza Federal da 13ª Vara Federal de Curitiba. Relator: Min. Alexandre de Moraes, Brasília, 17 de setembro de 2019. Disponível em: https://static.poder360.com.br/2019/09/ADPF-568.pdf. Acesso em: 27 ago. 2024.

______. Supremo Tribunal Federal. **Arguição de Descumprimento de Preceito Fundamental 829/RS**. Trata-se de arguição de descumprimento de preceito fundamental com pedido de liminar proposta pelo Governador do Estado do Rio Grande do Sul, em face de atos praticados pela União, por meio do Ministério da Saúde, na elaboração do Plano de Operacionalização da Vacinação contra COVID-19 [...]. Requerente: Estado do Rio Grande do Sul. Requerido: União. Relator: Min. Ricardo Lewandowski, Brasília, 21 de maio de 2021. Disponível em: https://portal.stf.jus.br/processos/downloadPeca.asp?id=15346506160&ext=.pdf. Acesso em: 27 ago. 2024.

______. Supremo Tribunal Federal (Plenário). **Arguição de Descumprimento de Preceito Fundamental 984**. Acordo em Ação Direta de Inconstitucionalidade e Arguição de Descumprimento de Preceito Fundamental. 2. Discussão sobre a constitucionalidade das Leis Complementares 192/2022 e 194/2022, diante do art. 155, §§ 2º, 4º, IV, e 5º, da Constituição Federal, entre outros. [...]. Requerente: Presidente da República. Intimados: Governadores dos Estados e do Distrito Federal. Relator: Min. Gilmar Mendes, Brasília, de 26 de maio a 12 de junho, 2023 [2023b]. Disponível em: https://redir.stf.jus.br/paginadorpub/paginador.jsp?docTP=TP&docID=768957897. Acesso em: 27 ago. 2024

______. Supremo Tribunal Federal (Plenário). **Agravo Regimental na Suspensão de Liminar 1.425/DF**. Agravo interno na suspensão de liminar. Ação civil pública. Decisão que suspende a autorização de importação de camarões da argentina. Alegado risco de lesão à ordem econômica. Ocorrência. Decisão administrativa tecnicamente fundamentada. [...]. Agravante: Associação Brasileira de Criadores de Camarão. Agravado: União. Relator: Min. Luiz Fux, Brasília, 24 de maio de 2021. Disponível em: https://redir.stf.jus.br/paginadorpub/paginador.jsp?docTP= TP&docID=756026047. Acesso em: 27 ago. 2024.

______. Supremo Tribunal Federal. **Resolução 697, de 6 de agosto de 2020**. Brasília: Supremo Tribunal Federal, [2020ª] Disponível em: https://www.stf.jus.br/arquivo/cms/noticiaNoticiaStf/anexo/DJE198.pdf. Acesso em: 18 jun. 2023.

______. Supremo Tribunal Federal. **Resolução 790, de 22 de dezembro de 2022**. Brasília: Supremo Tribunal Federal, [2022ª]. Disponível em: https://www.stf.jus.br/arquivo /norma/resolucao790-2022.pdf. Acesso em: 18 jun. 2023.

CARROLL, Lewis. **Alice através do espelho e o que ela encontrou lá**. São Paulo: Pandorga, 2020.

CAMPOS, Ricardo. **Metamorfoses do Direito Global**: sobre a interação entre Direito, tempo e tecnologia. São Paulo: Editora Contracorrente, 2022.

CAPPELLETTI, Mauro. **Juízes Legisladores?** Porto Alegre: Sérgio Antonio Fabris Editor, 1993.

CASTELLS, Manuel. **A era da informação**: fim de milênio. 3. ed. São Paulo: Paz e Terra, 2002. v. 3.

COSTA, Alexandre Araújo Costa; BENVINDO, Juliano Zaiden Benvindo. Textos Jurídicos Acadêmicos (ARCOS), 24 jul. 2020. Disponível em: https://arcos.org.br/a-quem-interessa-o-controle-concentrado-de-constitucionalidade/. Acesso em: 18 jun. 2023.

DINAMARCO, Cândido Rangel. **Instituições de Direito Processual** *Civil*. Vol. 1. 6. ed. ver. e atual. São Paulo: Malheiros Editores, 2013.

DWORKIN, Ronald. **Levando os direitos a sério**. São Paulo: Martins Fontes, 1977.

DWORKIN, Ronald. **O Império do Direito**. São Paulo: Martins Fontes, 2003.

ELMAUER, Douglas. Reações ao giro linguístico: o resgate da ontologia ou do real, independente da consciência e da linguagem. **Revista de Direito da UnB**, maio-ago. 2016, v. 02, n. 02, p. 13.

FEIGELSON, Bruno. Direito da Inovação: a relação entre as novas tecnologias e as ciências jurídicas. In: FERNANDES, Ricardo Vieira de Carvalho; COSTA, Henrique Araújo; CARVALHO, Angelo Gamba Prata de (Coord.). **Tecnologia jurídica e direito digital**: I Congresso Internacional de Direito e Tecnologia – *2017*. Belo Horizonte: Fórum, 2018. p. 159-183.

FUX, Luiz. **Curso de Direito Processual Civil**. Rio de Janeiro: Forense, 2014.

GAMBOA, Silvio Áncizar Sánchez. **Reações ao giro linguístico**: o resgate da ontologia ou do real, independente da consciência e da linguagem. Porto Alegre: *CBCE*, 2009.

GRIMM, Dieter. **Jurisdição Constitucional e Democracia: ensaios escolhidos**. Coordenação: Gilmar Ferreira Mendes; Tradução: Paulo Sávio Nogueira Peixoto Maia, Erica Luisa Ziegler. São Paulo: Editora Contracorrente, 2023. (Constitucionalismo contemporâneo).

HÄBERLE, Peter. **Hermenêutica Constitucional** – A sociedade aberta dos intérpretes da constituição: contribuição para a interpretação pluralista e "procedimental" da constituição. Tradução Gilmar Ferreira Mendes. Porto Alegre: Sergio Antonio Fabris Editor, 2002

HAMILTON, Alexander. JAY, Jhon, MADISON, James. **Os artigos Federalistas.** São Paulo: Faro Editorial, 2021.

HARARI, Yuval Noah. **21 lições para o século 21**. São Paulo: Companhia das Letras, 2020.

HERZL, Ricardo Augusto. A importância dos tribunais na aplicação e na interpretação do direito a partir do respeito ao sistema de precedentes judiciais. In: **XXIV Encontro Nacional do CONPEDI – UFS.** Florianópolis, 2015, p. 85-106.

HESPANHA, Antonio Manuel. **Cultura Jurídica Europeia – Síntese de um Milênio**. Ed: Almedina, 1997.

HIRSCHL, Ran. **Rumo à Juristocracia**: As origens e consequências do novo constitucionalismo. 1. ed. Londrina, PR: Editora E.D.A., 2020.

KELSEN, Hans. **Jurisdição Constitucional**. São Paulo: Martins Fontes, 2003.

______. **Teoria Pura do Direito**. São Paulo: Martins Fontes, 2007.

LACERDA, Belizário Antonio de. O mito do mérito administrativo. **Jurisp. Mineira**, Belo Horizonte, a. 63, nº 200, p. 37-40, jan./mar. 2012. Disponível em: https://bd.tjmg.jus.br/jspui/handle/tjmg/389. Acesso em: 03 fev. 2024.

LEAL, Fernando; HERDY, Rachel; MASSADAS, Júlia. Uma década de audiências públicas no Supremo Tribunal Federal (2007-2017). **Investigações Constitucionais**, Curitiba, vol. 5, nº 1, p. 332-372, jan./abril 2018. Disponível em: https://www.scielo.br/j/rinc/ a/mLPfbct74p4rHPbPLy-4J9mc/#. Acesso em: 21 ago. 2023.

LEAL, Saul Tourinho. Mediações e Conciliações no STF. In: **Inovações no Sistema de Justiça: meios alternativos de resolução de conflitos, justiça multiportas e iniciativas para a redução da litigiosidade**. São Paulo: Editora FGV, 2020, p. 855-880.

LIRA, Daiane Nogueira. **Palestra Virtual**. YouTube. Disponível em: https://www.youtube.com/watch?v=wsr8miifvua. Acesso em: 12 jun. 2023.

LUHMANN, Niklas. **A Constituição como Aquisição Evolutiva**. Tradução realizada a partir do original ("Verfassung als evolutionäre Errungenschaft". In: *Rechthistorisches Journal*. Vol. IX, 1990, pp. 176 a 220), cotejada com a tradução italiana de F. Fiore ("La costituzione come acquisizione evolutiva". In: ZAGREBELSKY, Gustavo. PORTINARO, Pier Paolo. LUTHER, Jörg. *Il Futuro eon Costituzione*. Torino: Einaudi, 1996), por Menelick de Carvalho Netto, Giancarlo Corsi e Raffaele DeGiorgi. Notas de rodapé traduzidas da versão em italiano por Paulo Sávio Peixoto Maia (texto não revisado pelo tradutor). Disponível em: https://pt.scribd.com/document/31253250/LUHMANN-Niklas-A-constituicao-como-aquisicao-evolutiva. Acesso em: 14 fev. 2024.

LUHMANN, Niklas. **O direito da sociedade**. São Paulo: Martins Fontes, 2019.

LUHMANN, Niklas. **Sociologia do Direito I**. Tradução de Gustavo Bayer. Rio de Janeiro: Tempo Brasileiro, 1983.

MARTINI, Sandra Regina; CHAVES, André Santos. Necessidade de Confiança na Jurisdição Constitucional para efetivação do direito à saúde. **Interações**, Campo Grande, MS, v. 19, n. 1, p. 77-91, jan./mar. 2018.

MARQUES, José Frederico. **Instituições de Direito Processual Civil**. 1. ed.. Campinas: Editora Millenium, 2000. Vol. 1.

MENDES, Gilmar Ferreira. Controle de Constitucionalidade: hermenêutica constitucional e revisão de fatos e prognoses legislativos pelo órgão judicial. **Revista Jurídica Virtual**, Brasília, v. 1, n. 8., jan., 2000. Disponível em:

https://revistajuridica.presidencia.gov.br/index.php/saj/article/view/1063/1047. Acesso em: 28 ago. 2024.

______. Interpretação constitucional e "pensamento de possibilidades". In: COSTA, José Augusto Fontoura; ANDRADE, José Maria Arruda; MATSUO, Alexandra Mery Hansen (Orgs.). **Direito: teoria e experiência: estudos em homenagem a Eros Roberto Grau**. São Paulo: Malheiros, 2013. p. 1022-1047.

MOREIRA, Pedro da Silva. O Supremo Tribunal Federal entre Schmitt e Kelsen: o guardião da Constituição no julgamento da "Ficha Limpa". **Revista Brasileira de Direito Constitucional**, n. 21, jan./jun. 2013. Disponível em: https://www.esdc.com.br/seer/index.php/rbdc/article/view/12/0. Acesso em: 01 dez. 2023.

OLIVEIRA, Gustavo de Justino; SCHWANKA, Cristiane. A administração consensual como a nova face da administração pública no século XXI: fundamentos dogmáticos, formas de expressão e instrumentos de ação. **Revista da Faculdade de Direito, Universidade de São Paulo**, São Paulo, v. 104, p. 303–322, jan.-mar. 2009. Disponível em: https://www.revistas.usp.br/rfdusp/article/view/67859. Acesso em: 30 maio 2024.

OLIVEIRA, Gustavo de Justino; VENTURINI, Otavio. O uso de métodos consensuais na Administração Pública do Poder Judiciário. **Consultor Jurídico CONJUR**, 14 de novembro de 2021, Disponível em: https://www.conjur.com.br/2021-nov-14/publico-pragmatico-uso-metodos-consensuais-administracao-publica-poder-judiciario. Acesso em: 06 mar. 2024.

PEREIRA, Bruno Cláudio Penna Amorim; JÚNIOR, José Alfredo de Oliveira Baracho. O debate entre Hans Kelsen e Carl Schmitt sobre a Custódia da Constituição. **Revista da Faculdade de Direito do Sul de Minas**, Pouso Alegre, v. 35, n. 1, p. 317-333, jan./jul., 2019. Disponível em:

https://www.fdsm.edu.br/conteudo/artigos/30eb93d4e9955b5c98f89deac7d47a1d.pdf. Acesso em: 01 dez. 2023.

REALE, Miguel. **Lições Preliminares de Direito**. 20. ed. São Paulo: Saraiva, 1993.

ROSENBERG, Gerald N. **The Hollow Hope**: can Courts bring about social change? 2. ed. Chicago: The University of Chicago Press, 2008.

RODRIGUES, Marco Antonio; TAMER, Maurício. **Justiça Digital**: O acesso à Justiça e as tecnologias da informação na resolução de conflitos. São Paulo: Editora JusPodivm, 2021.

SCHMITT, Carl. El defensor de la Constitución. In: SCHMITT, Carl; KELSEN, Hans; SARTO, Manuel Sánchez; BRIE, Roberto J.; LOMBARDI, Giorgio; SÁNCHEZ, José Luis Aja; ORFANEL, Germán Gómez. **La polémica Schmitt/Kelsen sobre a justicia constitucional**: el defensor de la Constitución versus ¿quién debe ser el defensor de la constitución? Madrid: Tecnos, 2009.

SCHWAB, Klaus. **Aplicando a quarta revolução industrial**. 1. ed. São Paulo: Edipro, 2018.

SILVA, Alexandre Vitorino. **Estado de Coisas Inconstitucional e Processo Estrutural.** 1. ed. São Paulo: Editora Gazeta Jurídica, 2020.

"TEM havido uso promíscuo e vulgar do *amicus curiae*", diz Fux. **Migalhas**, Ribeirão Preto, 13 de junho de 2024. Disponível em: https://www.migalhas.com.br/quentes/409327/tem-havido-uso-promiscuo-e-vulgar-do-amicus-curiae--diz-fux. Acesso em: 06 mar. 2024.

TEUBNER, Gunther. Dealing with paradoxes of law: Derrida, Luhmann, Wietholter. In: PEREZ, Oren; TEUBNER, Gunther (Orgs.). **On Paradoxes and Inconsistencies in Law**. Oxford: Hart Publishing, 2006, p. 41-64.

VILHENA VIEIRA, Oscar. **A batalha dos poderes**: Da Transição democrática ao mal-estar institucional. 1. ed. São Paulo: Companhia das Letras, 2018.

WATANABE, Kazuo. Acesso à Justiça e Meios Consensuais de Solução de Conflitos. In: ALMEIDA, Rafael Alves de; ALMEIDA, Tania; CRESPO, Mariana Hernandez (Orgs.). **Tribunal Multiportas: investindo no capital social para maximizar o sistema de solução de conflitos no Brasil**. Rio de Janeiro: Editora FGV, 2012, p. 87-94.

WEBER, Max. Os fundamentos da organização burocrática: uma construção do tipo ideal. In: CAMPOS, Edmundo (Org. e Trad.). **Sociologia da Burocracia**. Rio de Janeiro: Zahar Editores, 1966.

ZAVASCKI, Teori Albino. Eficácia das liminares nas ações de controle concentrado de constitucionalidade. In: CLÈVE, Clèmerson Merlin; BARROSO, Luís Roberto (Orgs.). **Defesa da Constituição**. Vol. 5. São Paulo: Revista dos Tribunais, 2011, p. 1295-1320.

ZYGMUNT, Bauman. Modernidade Líquida. Zahar Editor. 1ª edição. p. 37

ZUBOFF, Shoshana. **A Era do Capitalismo de Vigilância**: a luta por um futuro humano na nova fronteira do poder. Rio de Janeiro: Intrínseca, 2021. P. 495